Margaret of Anjou
Jacob Abbott

玛格丽特王后
武士王后与玫瑰战争
全景插图版

[美]雅各布·阿伯特 著
张稚敏 译

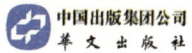
华文出版社

图书在版编目（CIP）数据

玛格丽特王后 / (美) 雅各布·阿伯特著 ; 张稚敏译. -- 北京 : 华文出版社, 2019.1

（美国国家图书馆珍藏名传）

ISBN 978-7-5075-4936-2

Ⅰ.①玛… Ⅱ.①雅…②张… Ⅲ.①玛格丽特—传记 Ⅳ.①K835.657=324

中国版本图书馆CIP数据核字(2018)第140374号

玛格丽特王后

作　　者：	[美] 雅各布·阿伯特
译　　者：	张稚敏
选题策划：	盛世壹佳
插图供应：	029—85504182
责任编辑：	胡慧华
出版发行：	华文出版社
社　　址：	北京市西城区广外大街305号8区2号楼
邮政编码：	100055
网　　址：	http://www.hwcbs.com.cn
电　　话：	总编室010—58336239　发行部010—58336267
	责任编辑010—58336197
经　　销：	新华书店
印　　刷：	北京画中画印刷有限公司
开　　本：	880×1230　1/32
印　　张：	10.75
字　　数：	191千字
版　　次：	2019年1月第1版
印　　次：	2019年1月第1次印刷
标准书号：	ISBN 978-7-5075-4936-2
定　　价：	49.00元

版权所有　侵权必究

出版说明

《美国国家图书馆珍藏名传》共22册,作者是美国著名历史学家、教育家雅各布·阿伯特。他以独特的视角研究公元前7世纪到公元18世纪2500年的世界史,最后写出了这套影响深远的人物传记。读者能通过阅读这些风云人物,更好地理解那段历史、那段时光,这是我们出版这套书的最大良善。为更好地使读者全面了解该丛书,现作如下说明:

一、关于版本。据不完全统计,这套丛书的英文版多达上百个。其中,以哈伯兄弟出版公司于1904年出版的版本最具代表性和权威性。本丛书正是根据该版翻译而成,以保证版本的质量。

二、关于插图。这些人物距现代已经很久远了。读者可能会问:他们长什么样子?穿什么衣服?仗是如何打的?外交是如何谈的……为了让读者更形象地了解当时的历史,我们精心为各书选配了约百幅插图。这些插图包括但不限于油画和版画。我们希望,通过品味插图的艺术之美,读者获得一种不是穿越胜似穿越的强烈体验,从而更好地对当时的风土人情有更直观的体察。

三、关于注释。为了确保内容的正确性、权威性，版权方进行了大量的考证工作。考证的结果以注释的形式体现。另外，内文中很多涉及地图的地方，我们尽量尊重作者尊重历史保存原貌，如有出入，请读者认真分辨。

四、关于译者。本丛书由多所大学的一线英语老师及教授翻译而成。各位老师治学严谨，文笔优美，为确保丛书的质量奉献良多。在此，深表敬意。其中《玛格丽特王后》一书由西安财经大学张稚敏老师翻译而成。

尽管出版前我们做了许多工作，但不足之处实难避免，欢迎读者朋友多提宝贵意见。

译者序

自1455始,历时三十年的玫瑰战争中,两位君主殒命,王朝三度更迭,无数将士血溅沙场。金戈铁马、血雨腥风之间始终贯穿着一位传奇女性的身影。她以壮阔的历史为背景,镌刻了非凡的经历,建立了卓越的功绩,或运筹帷幄于宫闱之内,或周旋于权力派系之间,或角力于朝堂之上。她就是兰开斯特王朝末代君主亨利六世之妻——玛格丽特王后。

亨利六世时代贵族派系斗争日益尖锐,先后有以格洛斯特公爵汉弗莱为首的主战派、以萨福克公爵为首的主和派、以萨默塞特公爵为首的贝福特派及以约克公爵为首的约克派轮番操纵御前会议,造成了统治中枢的混乱。正如英国学者卡朋特曾指出:"亨利六世统治无力,使英格兰缺少抑制贵族斗争及恢复地方和平的强大力量和权威。"

在这种情况下，玛格丽特王后走到了权力的中心，卷入派系斗争的漩涡。最后，玫瑰战争爆发。

1455 年，玫瑰战争首次战役——第一次圣奥尔本斯战役打响，结果，亨利六世被俘虏。陶顿一战，玛格丽特王后损兵折将三万余人，元气大伤。她与亨利六世被迫流亡苏格兰。图克斯伯里一战，玛格丽特王后全军覆没，萨默塞特公爵阵亡，威尔士亲王爱德华被俘杀。不久，玛格丽特王后也被俘。在她被关进伦敦塔的当天晚上，她的丈夫亨利六世惨遭暗杀。从此，她心灰意冷，远离了硝烟，回归了平静。

玛格丽特王后一生身经百战，性格坚毅。尽管屡战屡败，但她始终以钢铁般的意志，忍受常人难以忍受的磨难，一次次从灰烬中重生，一次次组建军队，一次次随军作战。玫瑰战争共十七次主要战役，与她有关的多达十五次。她不仅在壮丽的历史画卷上留下了倾世容颜，而且展现了卓越的政治才干，建立了彪炳史册的赫赫战功。

原 序

　　安茹的玛格丽特的故事已经成为英格兰历史的一部分,尽管她出生于欧洲大陆,却在英格兰建立了不朽的声名。她生活的时代风云激荡,她自己的人生也因此危险常在,苦难常随。她生于动荡时期,过着动荡的生活。她的生平除了因为个人和政治上沧桑巨变而引人入胜,还对于明辨和平与战争的是非曲直大有裨益,更有助于管窥骑士时代英格兰盛行的风俗礼仪。

目 录

第一章 | 约克家族和兰开斯特家族 ······ 001

一位真正的女英雄——两次纷争——约克家族和兰开斯特家族之争——英法战争——争端的源头——爱德华三世的儿子们——黑太子——理查二世——冈特的约翰——选择玫瑰——玫瑰的含义——四兄弟——理查叔叔们的野心——理查的个性——堂弟亨利——亨利和诺福克的争端——审判——亨利被流放——亨利的不动产遭没收——一场革命——家族的老一辈——1422年——亨利六世的诞生和继位

第二章 | 当时的风俗礼仪 ······ 019

贵族们——贵族的生活模式——贵族的随从们——贵族的宫廷——贵族的权力——沃里克伯爵——贵族们的娱乐——法庭——贵族们的争端——决斗——古老的决斗判决——古老的表述——安排——卫兵——群众集会——争端的本质——陷落的城堡——这种判决模式的理由——聚集的人群——决斗者现身——赶走的马匹——召唤对手——托马斯·卡特瑞顿——马匹被没收——一起诉状——托马斯·卡特瑞顿就绪——发下重誓——决斗——被国王喝止的程序——卡特瑞顿的状况——安纳斯利向国王的请求

第三章 ｜ 亨利六世 ·················· 037

亨利继位——亨利国王的叔叔们——分权——争吵——亨利·博福特和格洛斯特公爵汉弗莱——继续争吵——贝德福德公爵被召唤回国——贝德福德公爵去世——花絮——法王的大度——年幼的亨利六世到法国加冕——惊人的场面——加冕——宴会——争端再次爆发——格洛斯特公爵夫人的忏悔——巫术——国王的处境——亨利·博福特的阴谋

第四章 ｜ 玛格丽特的父母 ·················· 051

法国的行省——大家族——安茹——勒内国王——洛林——勒内迎娶伊莎贝拉——玛格丽特诞生——希欧法妮——伊莎贝拉的叔叔安东尼——战斗——勒内受伤被俘——伊莎贝拉的恐惧和痛苦——沉重的消息——对伊莎贝拉的同情——伊莎贝拉会见叔叔——和平谈判——人质——和平的严酷条件——勒内无法筹集到赎金——勒内的长期监禁——监狱里的职业和娱乐——勒内皇室头衔的来源——伊莎贝拉和孩子们在塔拉斯孔——女巫和疫病——伊莎贝拉来到了意大利——勒内终于获释——他的性情脾气——勒内国王的炉边

第五章 ｜ 王室求婚 ·················· 069

玛格丽特王后的成就和才能——求婚——英格兰的情况——亨利六世的个性——廷臣的计划——婚姻计划——亨利六世的情况——格洛斯特公爵的计划——阿马尼亚克的三位公主——她们的画像——计划失败——哪种方式——主教的计划——亨利六世想要得到画像——尚舍维尔去法国——萨福克伯爵——尚舍维尔处于危险中——格洛斯特写信给法王——尚舍维尔被捕——计划全盘泄露——宫廷麻烦——格洛斯特公爵汉弗莱的反对——英格兰的反对——激烈的讨论——萨福克伯爵受惊——他的安全通行证——各种反对意见——亨利六世有了一个竞争者——玛格丽特的愿望——婚事敲定

第六章 | 婚礼 ··· 087

准备婚礼——兴奋——婚纱——同伴——法王和王后——举行婚礼——新娘家人——专使——格斗比赛——游戏胜出者——另一个爱情故事——私奔——玛格丽特告别亲友——出发的队伍——和法王和王后道别——玛格丽特的父母——新娘的新朋友——船只——延误的原因——亨利六世缺钱——英格兰的开销——穿过海峡——恶劣的天气——欢迎玛格丽特王后——南安普顿之行——玛格丽特王后借宿女修道院——康复——最后的仪式——奇特的新娘礼物——狮子送到了伦敦塔——玛格丽特王后继续行程——欢欣——格洛斯特公爵汉弗莱——他的计划——他邀请玛格丽特王后——伦敦繁忙的准备——奇特的展览——正义与和平——玛格丽特王后经过伦敦——加冕——玛格丽特王后休息

第七章 | 英格兰的接待 ······································ 109

格洛斯特公爵汉弗莱——枢机主教亨利·博福特——玛格丽特王后跟萨福克公爵夫妇的交情——纷争——玛格丽特自行解决——玛格丽特王后的古代画像——修缮王宫——玛格丽特王后喜爱枢机主教亨利·博福特——格洛斯特公爵汉弗莱的嫉妒——玛格丽特王后的朋友和顾问——她超强的判断力——新娘的好榜样——英格兰的意见——亨利六世的性格——玛格丽特王后的性格——她在英格兰的受欢迎度

第八章 | 内维尔夫人的故事 ································ 121

阴谋——爱情故事——内维尔夫人——法国太子妃——夫人们的好奇——陌生人的沉默——她的历史——她不幸的婚姻——婚姻破裂——借口——婚姻废除——她获得自由——她的追求者——格洛斯特公爵汉弗莱——光辉前程——格洛斯特公爵汉弗莱宣布——内维尔夫人的困惑——格洛斯特公爵汉弗莱的不安——他的密探——发现——格洛斯特公爵汉弗莱的困惑——他的推理

模式——决定——情人密会——泰晤士河边的小村——她的返回计划——格洛斯特公爵汉弗莱的错误——小船到达——袭击小船——船员被杀——救命声——沉船——格洛斯特公爵汉弗莱——内维尔夫人的逃跑——桥下——被救——上了大船——她的决心——受到太子妃接待——政治阴谋——内维尔夫人和玛格丽特——内维尔夫人的回归——神秘

第九章　密谋 ………………………………… 139

最重要的东西——格洛斯特公爵汉弗莱的威胁——享誉全欧洲榜样——亲自掌权的雄主——愧对列祖列宗——遗祸后世子孙——另一个潜在的威胁——王室支脉的王位继承权——约克公爵理查·金雀花继承权的来源——警惕竞争者——不可信的亲属——改朝换代的可能性——可信的妻子——不够果断的亨利六世——亨利六世的担忧——尽职尽责的格洛斯特公爵汉弗莱——玛格丽特王后看到胜利的希望——玛格丽特王后做的另一件事——反对格洛斯特公爵汉弗莱的联盟——求见索尔兹伯里伯爵——萨默塞特公爵的话——萨默塞特公爵告辞——玛格丽特王后继续努力——玛格丽特王后的势力

第十章　格洛斯特公爵汉弗莱倒台 ………………………… 155

玛格丽特王后认为时机成熟——玛格丽特王后邀请格洛斯特公爵汉弗莱——玛格丽特王后的安排——萨默塞特公爵的指控文件——尴尬的沉默——玛格丽特王后的做法——萨默塞特公爵的指控——格洛斯特公爵汉弗莱的辩解——杀害内维尔夫人的指控——玛格丽特王后高明的做法——玛格丽特王后的建议——内战的威胁——转移议会召开的地点——伯里圣埃德蒙兹——格洛斯特公爵汉弗莱突然被捕——格洛斯特公爵汉弗莱被送入伦敦塔——格洛斯特公爵汉弗莱突然去世——伦敦塔方面给出的解释——英格兰民众的怀疑——政府的表态——依然怀疑的英格兰民众——关于格洛斯特公爵汉弗莱之死的谣言——萨默塞特公爵去探望格洛斯特公爵汉弗莱——争执与肢体冲突——格洛斯特公爵汉弗莱之死——玛格丽特王后成功除掉强敌

第十一章 | 萨福克公爵之死 …………………………………… 167

玛格丽特王后扩大权力——她的处境越来越艰难——英格兰民众的普遍不满——最具战略意义的地方——议婚协议——萨福克公爵的担忧——亨利六世的命令——割让领土——萨默塞特公爵前往诺曼——萨福克公爵的停战协议——他的愿望——愿望落空——厉兵秣马的法国——战略优势——开战的借口——一队英格兰士兵——法国的抗议——萨默塞特公爵的应对——狮子大开口——英格兰民众怒不可遏——愤怒的矛头——萨福克公爵在议会中的反击——糟糕的反击效果——铁证如山——萨福克公爵被捕——忙碌的两方人马——萨福克公爵必须离开英格兰——上议院开始审判萨福克公爵——下议院对萨福克公爵的指控——萨福克公爵的辩护——持续增加的舆论压力——萨福克公爵的最后希望——亨利六世的意思——他的流放令——愤怒的上议院和英格兰民众——军舰返航——断头台——萨福克公爵之死——尸体的处理方式

第十二章 | 王太子的降生 ……………………………………… 183

排山倒海而来的麻烦——玛格丽特王后诞下一位王子——雪上加霜的处境——奇怪的事情——约克公爵理查·金雀花的家族——内战未爆发的原因——且耐心等待一段时间——最流行的公众情绪——不可避免的担忧——两大派系——贵族们的站队——掌握武装力量的贵族——始终处于焦虑状态的夫妻——约克公爵理查·金雀花突然离开爱尔兰——率军逼近伦敦——英格兰人民的担忧——约克公爵理查·金雀花的说法——白玫瑰与红玫瑰——圣殿教堂花园——亨利六世的文化——约克公爵理查·金雀花的回答与要求——犹豫不决的亨利六世——萨默塞特公爵被捕——约克公爵理查·金雀花解散军队——单独会谈——奇特的结束方式——玛格丽特王后秘密释放萨默塞特公爵——萨默塞特公爵藏在国王御帐之中——亨利六世的考虑——释放的条件——约克公爵理查·金雀花宣誓——退隐乡下——两大派系的变化——约克公爵理查·金雀花的决心——矛盾激化——圣爱德华日——威尔士亲王爱德华

第十三章　｜　亨利六世患病 …………………………………… 195

　　孩子出生带来的喜悦——相反的情况——各种磨难——亨利六世的健康状况——神经衰弱——亨利六世崩溃了——亨利六世的病情——玛格丽特王后的做法——山雨欲来风满楼——坎特伯雷大主教去世——古老的传统——传统的力量——上议院的代表发现亨利六世的情况——约克公爵理查·金雀花的应对——容易夭折的婴儿——约克公爵理查·金雀花的机会——两大派系的妥协——约克公爵理查·金雀花的职位——小王子受封威尔士亲王——议会的安排——年金——健康委员会——教育计划——玛格丽特王后屈服了——她的真实想法——英格兰的无冕之王——定居在格林威治——萨默塞特公爵的遭遇——东躲西藏——萨默塞特公爵被捕——生气的玛格丽特王后——孤立无援——玛格丽特王后的幸福时刻——他们的儿子威尔士亲王爱德华——高兴的亨利六世——玛格丽特王后再次夺回了权力——约克公爵理查·金雀花怒气冲冲地回到乡下——萨默塞特公爵获释

第十四章　｜　焦虑和麻烦 …………………………………… 207

　　麻烦的六年——多种形式的对抗——动荡不安的英格兰——小规模的内战——国王亨利六世的状况——陪伴丈夫出征的玛格丽特王后——亨利六世的担忧——娱乐国王的方式——玛格丽特王后的指示——唱歌的孩子们——其他方式——假装朝圣——虔诚的亨利六世——得到安慰的亨利六世——一次真正的朝圣——"好人公爵诺福克"——点石成金的魔法石——炼金术——欺瞒——健康与疾病——不满的约克公爵理查·金雀花——开战——圣奥尔本——约克公爵理查·金雀花的大军杀来——玛格丽特王后的选择——约克公爵理查·金雀花的条件——亨利六世的答复——攻城——奇兵——城破——国王亨利六世被俘——约克公爵理查·金雀花的气度——国王亨利六世被送回伦敦——绝望的玛格丽特王后——亨利六世旧病复发——约克公爵理查·金雀花的做法——和解——互不信任——贵族集会——争论与和解——庆典——队列——民众的反应——内战再次爆发

第十五章 | 玛格丽特王后开始逃亡 ·················· 223

布洛希思战役——亨利六世再次病倒——两军的统帅——玛格丽特王后的命令——军服上的装饰——战败——玛格丽特王后开始逃亡——国王亨利六世的虚弱状态——无所畏惧的玛格丽特王后——玛格丽特王后的努力——加莱——败退的敌人——沃里克伯爵卷土重来——盛衰不定——沃里克伯爵率军成功挺进——北安普顿之战——国王亨利六世再次被俘——沃里克伯爵的态度——国王亨利六世的生活——嚣张跋扈的约克公爵理查·金雀花——上议院发生的事——一些人劝说亨利六世退位——亨利六世的回答——五十年的统治——解决办法——约克公爵理查·金雀花的打算——找不到玛格丽特王后

第十六章 | 玛格丽特王后的胜利 ·················· 235

突然的逆转——撤退到苏格兰——逃亡之旅——玛格丽特王后重返英格兰——玛格丽特王后的支持者——玛格丽特王后的成功——约克公爵理查·金雀花的行动——玛格丽特王后的激将法——韦克菲尔德之战——约克公爵理查·金雀花被杀——约克公爵理查——约克公爵理查的小儿子——索尔兹伯里伯爵被当众斩首——首级的处理方式——玛格丽特王后的胜利——重掌大权

第十七章 | 玛格丽特王后再次流亡 ·················· 241

新的逆转——英格兰民众的反应——约克公爵的头颅——纸制的王冠——举国震惊——玛格丽特王后的暴行——约克公爵的长子爱德华——约克公爵的继承人——圣奥尔本之战——沃里克伯爵战败——国王亨利六世获救——圣奥尔本修道院——民怨沸腾——约克公爵爱德华势力大增——伦敦——陶顿之战——玛格丽特王后再次出逃

第十八章　求助于路易十一 ………………………… 251

　　玛格丽特王后在苏格兰——玛格丽特王后的想法——联姻——派往法国的使者——使者的来信——信使的建议——玛格丽特王后的决定——法王路易十一——玛格丽特王后资金匮乏——商人的感激——法国之行——资金耗尽——三位使者——错过——玛格丽特王后来到法国——路易十一——借款与抵押——玛格丽特王后进一步失去人心

第十九章　重返英格兰 ……………………………… 261

　　玛格丽特王后的一位支持者——玛格丽特王后回到英格兰——匆忙的逃亡——暴风雨——船只失事——霍利岛——玛格丽特王后安全抵达伯威克——不怕失败的玛格丽特王后——赫克瑟姆之战——亨利六世被俘——亨利六世的替身——打破底线——逃跑——强盗——逃脱——在森林中——突然出现的陌生人——陌生人的立场——洞穴——两天——消息——离开——答谢——慷慨——玛格丽特王后的感激之情——行程——隐藏行迹

第二十章　流亡岁月 ………………………………… 275

　　玛格丽特王后被发现——玛格丽特王后一众被捕——皮埃尔·德·布雷泽的功劳——搁浅——登陆——村庄——爱丁堡方面的态度——玛格丽特王后到达班伯勒——暴风雨——勃艮第公爵——慷慨的勃艮第公爵——勒内国王的感激——玛格丽特王后前去洛林

第二十一章　与沃里克伯爵和解 …………………… 283

　　1469年——好消息——沃里克伯爵离开英格兰——路易十一的应对——沃

里克伯爵提出和解——玛格丽特王后的考虑——沃里克伯爵的承诺——法王路易十一介入——新的建议——联姻——誓言——订婚——沃里克伯爵出征——捷报——玛格丽特王后决定重返英格兰

第二十二章 ｜ 苦涩的失败 ･･･････････････････ 293

返回英格兰的准备——阿弗勒——逆风推迟出航——玛格丽特王后的决心——玛格丽特王后的担心——抵达英格兰——登陆——战报——亨利六世再次被俘——绝望的玛格丽特王后——安全问题——比尤利修道院——可怜的玛格丽特王后

第二十三章 ｜ 威尔士亲王爱德华与亨利六世先后惨死 ･･･････ 301

玛格丽特王后的做法——玛格丽特王后的状态——人们的想法——玛格丽特王后的牵挂——人们的劝说——玛格丽特王后的观点——威尔士亲王爱德华——巴斯——布里斯托尔——塞汶河——继续急行军——爱德华四世的大军——一意孤行的萨默塞特公爵——准备战斗——母亲的担忧——萨默塞特公爵的行为——恐慌和逃跑——玛格丽特王后的恐惧——威尔士亲王爱德华之死——玛格丽特王后收到噩耗——爱德华四世班师——亨利六世之死——希望完全破灭

第二十四章 ｜ 玛格丽特王后回到安茹后的日子 ･･･････････ 313

亨利六世被葬在切特赛——玛格丽特王后被监禁——瓦林福德——玛格丽特王后获释——永远离开英格兰——来到鲁昂——玛格丽特王后的弃权声明

——玛格丽特王后签字时的感觉——法王路易十一的气量——玛格丽特王后独自出发——滞留在诺曼的英格兰人——玛格丽特王后陷入危险——回到安茹——可怕的精神抑郁——玛格丽特王后去世

附 录 | 专有名词英汉对照 ………………………… 323

第一章

约克家族和兰开斯特家族

精彩看点

一位真正的女英雄——两次纷争——约克家族和兰开斯特家族之争——英法战争——争端的源头——爱德华三世的儿子们——黑太子——理查二世——冈特的约翰——选择玫瑰——玫瑰的含义——四兄弟——理查叔叔们的野心——理查的个性——堂弟亨利——亨利和诺福克的争端——审判——亨利被流放——亨利的不动产遭没收——一场革命——家族的老一辈——1422年——亨利六世的诞生和继位

安茹的玛格丽特是一位真正的女豪杰。她并非浪漫小说和传奇故事里的女主角，而是现实生活中历经磨难的铿锵玫瑰。她一生饱经风霜，历尽坎坷，命运多舛，也正因如此，成就了她卓著的军功。即使在整个人类历史中，也很难有第二个人与她齐肩。

玛格丽特出生并生活在一个动荡不安的年代。欧洲西部风波乍起。两次巨大而恐怖的纷争席卷了法国、英格兰及其所有附属国，八方风雨在这片土地持续了一百多年。

第一次纷争源于一场英格兰王位继承权的争执。当时，各个王室家族对继承王位的人选各持己见，龃龉不合。其中有两个主要家族，他们分别是约克家族和兰开斯特家族，世人称这两大家族之间的系列纷争为玫瑰战争。玫瑰战争持续了数代。安茹的玛格丽特是兰开斯特家族最突出的代表之一，就这样，她被卷入了这场战争。

第二次纷争正值英法两国争夺领土。当时，英格兰和法国正为现在法国北部部分领土的归属问题打得不可开交。安茹的玛格丽特执政之前，该地区的大部分领土属于英格兰。尽管如此，法国历代国王一直试图夺回该地区的所有权——当然，英格兰也从未停止顽强抵抗的步伐。这样一来，包括玛格丽特一生在内的这一百年间，英格兰内外交困：对内，两大王室家族为王位继承权争斗不休；对外，英格兰不得不与法国和其他一些大陆国家对抗，以确保英吉利海峡南岸城镇以及一些附属公国长治久安。

想要完整了解玛格丽特王后传奇的一生，最好先了解这两场战争的本质，以及玛格丽特登上英格兰历史舞台时，这两场战争的进展状况。本书将先从约克和兰开斯特两大王室家族的内战开始分析。我曾在《理查三世》一书中提及这场内战的起源和本质。但鉴于玛格丽特在内战中极为突出的历史地位，还是有必要详述这部分内容，并补充一些细节。

玫瑰战争最先源于英格兰国王爱德华三世的子女和后代对王位继承权的争议。14世纪初，爱德华三世统治

爱德华三世。绘者信息不详

英格兰王国。他不仅在位时间长，而且被现代史学家公认为明君。英格兰在他统治时期格外繁荣昌盛，这在很大程度上源于他对法作战时立下的赫赫战功，也源于他通过战争占领了许多法国城镇、城堡及地区，极大扩张了英格兰的版图。

当然，老国王爱德华三世的不世战功离不开儿子们的协助。年轻的王子们骁勇善战，在欧洲战场上节节胜利。他们在很小的时候就开始随父上阵了，随着父亲日渐年迈，他们的战争生涯也持续到成年和中年时期。

在这些好战的王子中，最出色的莫过于爱德华王子和约翰王子。爱德华王子是爱德华三世的长子，约翰王子是那些顺利活到成年的王子中的第三位，二王子则是莱昂纳尔。爱德华王子作为长子，承袭了威尔士亲王的爵位。为了区分他与其他威尔士亲王，历史上通常称他黑太子。黑太子的称号大概得名于他在战场上穿戴的黑色盔甲——当他身披黑甲，与其他骑士一起出现在战场上时，显得超群出众。

遗憾的是，黑太子未能子承父位。在欧洲大陆的历次战役中，他由于身体严重受损，不得不返回英格兰，最终先于父亲爱德华三世离开人世。而他的儿子理查则在老国王爱德华三世驾崩后继承了王位，史称"理查二

黑太子爱德华。绘者信息不详

世"。关于黑太子的生平及其在欧洲各大战役中的卓越功勋,《理查二世》一书叙述得更完整。

约翰王子是老国王爱德华三世的第三个儿子,历史上通常称他为冈特的约翰。"冈特"一词是当时英语中发音最接近"根特"的单词,而根特则是约翰王子出生地的地名。老国王爱德华三世在位早期,每当出兵征战欧洲大陆,他都会带上全家人一起出战,因此他的几个孩子都出生在不同的地方。不少孩子都是碰巧在哪里出生,就以哪里的地名作为名字。

下页的图是爱德华三世的家谱。其中,排在最左侧的是爱德华三世和他的妻子埃诺的菲利帕。右侧依次往后是他的四个儿子以及他们在英格兰历史上的后代。玫瑰战争就是在这四个儿子后代中的约克和兰开斯特两大王室家族之间爆发的。

符号"="代表婚姻。除了家谱中列举的名字,还有许多后裔的名字没列出来,希望这有助于大家更好地理解这段历史。

约克和兰开斯特两大王室家族之间爆发的战争统称为"玫瑰战争",之所以这么称呼,是因为它们恰巧选择了白玫瑰和红玫瑰作为家族徽章——白玫瑰代表约克家族,红玫瑰代表兰开斯特家族。

爱德华三世谱系表

```
爱德华三世=埃诺的菲利帕
│
├── 黑太子爱德华
│     └── 理查二世
│
├── 克拉伦斯公爵莱昂纳尔
│     └── 菲利帕=爱德华·莫蒂默
│           └── 马尔什伯爵罗杰·莫蒂默
│                 └── 安妮=约克的理查
│
├── 兰开斯特公爵冈特的约翰
│     └── 亨利四世
│           └── 亨利五世
│                 └── 亨利六世
│
└── 威尔士亲王爱德华
      └── 约克公爵埃德蒙
            └── 约克公爵理查·金雀花=安妮
                  ├── 爱德华四世
                  ├── 克拉伦斯公爵乔治
                  └── 理查三世
```

约克和兰开斯特两大家族分别选择白玫瑰与红玫瑰作为家族徽章。绘者信息不详

第一章 约克家族和兰开斯特家族

大家可能会想，即使有王位继承权的争夺，通常也只有长子和次子的家族才有可能介入争斗。然而，读者们应该已经注意到了，在上文的谱系表中，兰开斯特公爵和约克公爵分别是爱德华三世的第三子和第四子。其实在某种程度上，爱德华三世的长子和次子及其后代在王位争夺战中很快就出局了。

爱德华三世的长子这一脉很快就失去了合法继承人。首先，威尔士亲王黑太子先于自己的父亲爱德华三世离世，他的王位继承权随即落入他儿子理查二世手中。不久之后，老国王爱德华三世驾崩，理查二世即位。作为长子长孙，理查二世的继承权无可争议，他的叔叔们也默许了这个事实。但事实上，他们非常希望亲自掌控国家。当然，理查二世成年之前，他们尚且能以理查二世的名义操控一切。

理查二世即位初期，英格兰民众对他的统治相当满意。但后来，他变得沉迷酒色、邪恶堕落，他不仅作威作福，还征收苛捐杂税压迫人民。最后，民众怨声载道，极度厌恶他本人以及他的统治手段。对于理查二世的叔父们而言，这种状况简直再好不过，因为他们可以利用民众的怨愤，设计阴谋诡计，趁机谋取王位。这样一来，他们不仅在全国极大提升了自己的权力和影响力，还相应地削弱了理查二世的威望。当时,他们对自己当下的权力和势力别提有多满意了,他们觉得,似乎不必公开反叛,王位就会落入他们手中。

理查二世有一位跟自己年纪相仿的堂弟。一系列异常事件发生后,这位年轻的堂弟最终起兵反抗理查二世的统治。他就是理查二世的叔父冈特的约翰的儿子,名

理查二世。绘者信息不详

第一章 约克家族和兰开斯特家族

叫亨利·博林布鲁克，也就是家谱中的亨利四世——成为英格兰国王后，他开始使用"亨利四世"这个称号。

理查二世的这位亨利堂弟曾跟一位名叫诺福克的贵族起过争执。事实上，那个时代的贵族经常会卷入各种纷争和宿仇，有时是领主军队之间的常规战斗，有时则是个人之间的决斗，无论哪种情况，他们都会不顾一切地参与其中。在个人决斗中，争执双方会求助于万能的上帝，他们相信或声称相信上帝必会将胜利恩赐于正义的一方。这些个人决斗都有庄严的典礼和仪式，举行的方式也极为公开和正式。在那个时代，决斗作为公共法律的一部分，同时得到法律和行政机构的认可。下一章在论及那个时代的风俗和礼仪时，完整记录了一次决斗的全过程，更加细致地展现了许多决斗细节。

获悉自己的堂弟亨利跟诺福克之间的争执后，理查二世颁布法令，命令他们通过决斗解决争端。根据理查二世的指示，双方全副武装，出场准备决斗。大批民众闻风而至，希望见证这难得的一幕。理查二世亲自主持了这场决斗。

然而，就在决斗即将分出胜负时，理查二世突然终止了比赛。他宣布双方都有罪，并签署驱逐法令，将二人同时流放到国外。随后，二人遵从王旨，准备离开英

玛格丽特王后

格兰。这件事引起了民众的广泛关注,大家普遍认为,理查二世的这些安排很明显是要打压亨利,他的目的昭然若揭。亨利是王位的第一顺序继承人,他不仅富可敌国,而且深得民心。这样一来,与理查二世的不得人心形成了鲜明对比,亨利成为大家普遍同情和赞许的对象。当亨利出发前往南部海岸,开始自己的放逐之旅时,民众聚集在他经过的城镇,仿佛迎接一位凯旋的征服者,而非送别一位惨遭流放的罪犯。

这件事没过多久,亨利的父亲兰开斯特公爵便去世了。理查二世非但不允许自己的堂弟继承父亲留下的巨

理查二世中断亨利·博林布鲁克与诺福克的决斗。
詹姆斯·威廉·埃德蒙·道尔(1822—1892)绘

额财产，还要将全部财产没收充公：他借口亨利已经被剥夺了继承权，由此将原本属于亨利的巨额财产占为己有。面对理查二世的不义之举，亨利义愤填膺。他决心起兵攻入英格兰，推翻理查二世的统治，然后取而代之。

亨利开始实施计划，他组建了一支军队，率军横穿英吉利海峡，登陆英格兰。英格兰的民众纷纷选择自己的立场，结果绝大多数人都支持亨利。关于亨利起义以及入侵的整个过程，详见本系列读物《理查二世》一书。在这里，我有必要提及的是这次起义的结果：理查二世被废黜，亨利登基，兰开斯特家族的成员首次登上了英格兰的王位。

看到这里，读者可能会疑惑，为什么争夺王位的始终是爱德华三世的第三子及其后代，而他次子的家族成员却始终都没出现呢？并且当爱德华三世长子的继承人理查二世被废黜时，他的后代为什么没有站出来跟亨利继续争夺继承权呢？原因就在于爱德华三世次子这一脉并没有男性继承人。我们可以从家谱中清楚地看到，莱昂内尔唯一的孩子菲利帕是个女孩儿，虽然后来菲利帕有一个儿子的确出现在了家谱中，即罗杰·莫蒂默，但罗杰·莫蒂默当时尚且年幼，并不具备为家族争夺王位继承权的能力。

此外，亨利不仅声称自己因父亲的继承权而获得王位，还伪造了母亲一方的继承权，竭力证明自己的母亲是爱德华三世之前的一位英格兰国王的后代，因此从母亲这一方来看，他拥有更久远、更正统、更合法的王位继承权。英格兰民众本就希望亨利登上王位，对于这些解释更是认同不已。这样一来，亨利继承王位更加名正言顺了。然而，爱德华三世次子这个家族并非放弃了他们的继承权，而是打算待时机成熟再出来主张自己的王位继承权。

亨利四世在位十三年，他驾崩后，他的儿子——也就是上文家谱中提及的亨利五世——继承了王位。兰开斯特家族的这两任国王统治英格兰期间，英格兰国内并未出现任何关于王位的纷争。这两位国王统治时，国王和民众的注意力基本都集中在英法之间的领土争夺战上。英格兰对法作战极为成功，法国诸省和城堡接二连三落入英格兰手中。甚至到最后，几乎整个法国都受英格兰控制。

这种状态一直持续到1422年。当年8月，亨利五世驾崩，他的幼子亨利六世即位。当时的亨利六世年仅九个月。正如家谱所示，这个婴儿刚一即位，就以亨利六世的称号同时拥有英格兰和法国的王权，而这位亨利

亨利·博林布鲁克的母亲是来兰开斯特的布兰奇,她是英王爱德华一世的后裔。因为兰开斯特的布兰奇大婚图

六世正是本书的主角玛格丽特的丈夫。亨利六世统治期内，兰开斯特家族的王位继承权遭到质疑，由此引发王位争夺战。在这场战争中，玛格丽特一举成名，向世人展示了她超凡的军事才干。

接下来的章节将首先概括那个时代的风俗礼仪，谈及亨利六世的早年生活，及其统治时期为对抗兰开斯特家族形成的同盟。要想准确理解本书，这些介绍都是相当必要的。

当时的风俗礼仪

精彩看点

贵族们——贵族的生活模式——贵族的随从们——贵族的宫廷——贵族的权力——沃里克伯爵——贵族们的娱乐——法庭——贵族们的争端——决斗——古老的决斗判决——古老的表述——安排——卫兵——群众集会——争端的本质——陷落的城堡——这种判决模式的理由——聚集的人群——决斗者现身——赶走的马匹——召唤对手——托马斯·卡特瑞顿——马匹被没收——一起诉状——托马斯·卡特瑞顿就绪——发下重誓——决斗——被国王喝止的程序——卡特瑞顿的状况——安纳斯利向国王的请求

玛格丽特生活的年代，国王、王子、贵族和骑士在英格兰和法国正值鼎盛时期。在气质上，与现在的后世子孙相比，当时的他们不仅非常高傲，而且极具权势。然而，在生活条件上，尽管他们比当时的大多数平民好很多，但与现在相比，则显得非常粗糙、落后。另外，我们现在生活中所有阶层普遍能享受到的福利，他们当时却很难享受到。首先，他们几乎没有可以阅读的书籍，即使是那些自己拥有书籍的人，也很难顺利完成一本书的阅读，因为他们所受的教育还不足以指导他们阅读那些书籍。第二，他们那时的道路状况很糟糕，也没有四轮马车，因此，他们几乎不可能舒舒服服地从一个地方到另一个地方旅行。第三，虽然他们所住的城堡非常牢固，一眼望去宏伟壮观，犹如一幅精美的风景画，但城堡内部的装饰极为简陋，居住起来并不舒适。第四，虽然那时的工匠们技艺精湛，能为马匹织造出华丽的马衣，为战士打造威风凛凛的盔甲；建筑师们也可以建起宏伟的大教堂，即使以当代的眼光去看，教堂里那些装饰性的雕塑和大圆柱也堪称奇迹；然而，在日常用品和基础设施方面，那时的人根本无法与现在相比，即使是最富有、最有权势的贵族，其生活方式也极为原始。

当时，普通平民听命于自己的领主，非常卑下，奴隶就更低贱了。他们被驱赶着为主人耕作土地，或为主人在贵族争斗中舍去性命，却未曾得到一丁点儿补偿。因此，每一位贵族或骑士最大的野心就是拥有足够的家臣，而唯一能够限制家臣数量的就是贵族的供养能力。与从事其他职务相比，找到肯为贵族效力的人并不困难，只要能为他们提供基本的生存保障，总会有许多人愿意追随那个贵族。

在自己城堡里，大贵族们仿佛国王和王子一样，生活得体面而有尊严。不仅如此，最高阶层的贵族还有自己的枢密顾问官、财政主管、军队统帅、治安官、管家、秘书、传令官、随从、男仆、守卫、号手等——总之，所有主权国家应设置的官员，这些大贵族的府邸里也一应俱全。此外，他们的城堡里也少不了整队的吟游歌手、

中世纪欧洲的骑士。绘者信息不详

滑稽演员、变戏法的、耍杂技的、走钢丝的以及小丑。除此之外，每个大城堡还有很多神父和修士，他们会根据那个时代的惯例提供神职服务，因此，城堡的高墙内往往还建有装饰华丽的小礼拜堂。

就这样，整个国家被划分为一个个独立的领地，此类领地数量众多，每个领地都有一个公爵、伯爵、或男爵作为首脑，他们拥有自己领地内所有内部事务的绝对行政权，同时也认同国王对全国的统治，当时的英格兰就是这种情况。因此，如果一些贵族足够强大，他们就会联合起来，按照自己的意愿拥戴或废黜某位国王。

玛格丽特王后时期，所有大贵族中最强大的也许就是沃里克伯爵了。沃里克伯爵势力庞大，但凡他心仪的王位继承人，最终入选的胜算都会大很多。因此，他是历史上著名的"造王者"。他富可敌国，据说在他极盛时期，仅下属的私兵就多达三万人。

那个时代，世袭的贵族也好，国王直接敕封领地的贵族也罢，他们最重要的事业甚至最主要的娱乐就是军事行动。他们极度蔑视一切对艺术和各行业有益的追求，他们认为那些职业都是贱业，是为农奴和奴隶准备的，而他们则是为战争而生，他们有的以独立的身份互相对抗，有的在国王的指挥下抗击外敌。休战期，出于娱乐

沃里克伯爵。绘者信息不详

的目的,他们会选择在自己城堡附近的空地上举办各种竞赛、模拟格斗和会战,并辅以壮观的游行和阅兵。

这些大贵族实力雄厚,热爱战争,我们自然不能期待他们完全服从法律,遵循司法体系。虽然那个时代也有各种法律和各级司法法庭,但这个司法体系主要是为平民设计的,其目的是判决普通罪犯。而对于那些贵族来说,发生争端或冲突后,他们更习惯用其他方法来解决。有时他们会指挥军队,以常规会战的形式互相攻击,他们会围攻城堡,甚至毁坏村庄和田野。有时,当国王无力阻止他们之间的内讧爆发时,争执的双方会被召唤至国王庭前,在国王、国王的宫廷以及大批聚集而来的围观者的见证下,通过决斗来解决纠纷。这就是现代决斗风俗的起源。

当今社会,冲突双方通过格斗来解决争端的做法已被法律判定为犯罪行为。这种做法既野蛮又毫无意义,所以这种判定公正合理。现代生活中,如果有人煽动他人进行决斗,同时又在决斗中杀死对方的话,那么这个人绝不会因这种行为而获得任何荣耀,相反,他的余生都要背负起谋杀的罪名和污点。如果冲突的双方无视法律,无视公众舆论,无视所有善良人的美好愿望,在愤怒的刺激下,准备不顾一切地采取决斗来解决问题的话,

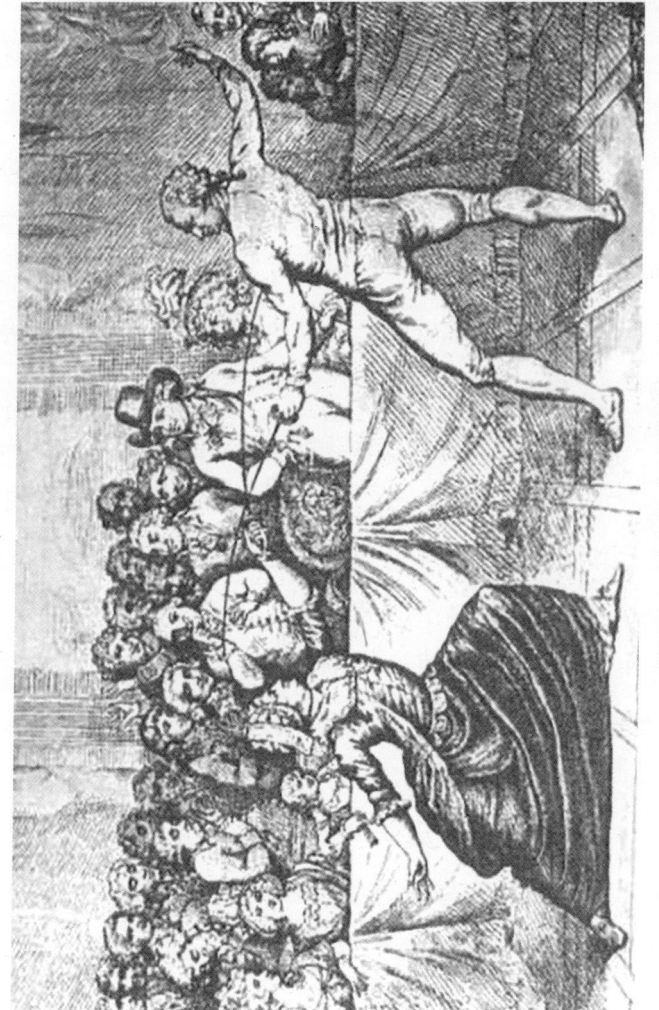

雕版画：决斗现场。绘者信息不详

那么他们就不得不采取各种策略和计谋来掩盖这次犯罪，同时，他们还要尽力避免双方的朋友和法官的干预。

本书描述的那个时代，半开化的骑士和贵族盛行，这种冲突双方通过决斗来解决争端的做法得到公开认可，是完全合法的仲裁方式。并且，与常规司法法庭的审判程序相比，审判决斗的形式更加严格，仪式也更为庄严。

在上一章里，理查二世的堂弟亨利跟他的仇敌所进行的就是这样一场公开的、庄严的决斗，只是在那种情况下，决斗尚未开始，理查二世就决定自行判定是非曲直，最终宣布双方都有罪。但在绝大多数情况下，决斗会进行到底，直到其中一方死亡，而另外一方获胜并无罪释放，决斗审判才会圆满结束。

在许多古代编年史作家的著作中，我们可以找到与这些决斗相关的完整记录。在此，我且举一个事例——这场决斗发生于某年六月一个晴朗的上午，决斗地点在理查二世宫殿前的广场上，理查二世本人、他宫廷里所有的重要贵族等人都围绕广场就座，观看决斗。所有的贵族和骑士都身着全副盔甲，传令官、地方法官和诸多护卫驻守在周围，以保证整个审判可以顺利进行。为了观看这场决斗，很多人从周围的乡村赶到伦敦，观众人

第二章 当时的风俗礼仪

数非常之多,据估计,当时观看决斗的人数超过了三年前理查二世加冕典礼上的观众数量。

决斗的双方分别是骑士约翰·安纳斯利和乡绅托马斯·卡特瑞顿。骑士约翰·安纳斯利是原告和决斗的发起者,而乡绅托马斯·卡特瑞顿则是被告。

乡绅托马斯·卡特瑞顿是诺曼底一座城堡的总督,该城堡属于某个英格兰骑士,这位骑士去世后,他的所有财产都留给了本案的原告骑士约翰·安纳斯利。如果在法国人入侵时,乡绅托马斯·卡特瑞顿能够成功抵挡住法军的攻击的话,那么这座城堡本应跟其他财产一道属于约翰·安纳斯利,然而很遗憾,托马斯·卡特瑞顿并没有做到这一点。当法军前来围攻城堡时,托马斯·卡特瑞顿将之拱手相让,城堡就这样失守了。托马斯·卡特瑞顿坚持认为自己没有足够的力量来保卫城堡的安全,在没有其他选择的情况下,他只能投降。而另一方面,约翰·安纳斯利则声称,如果托马斯·卡特瑞顿足够忠诚的话,他应该誓死保卫城堡,然而他却收取了法军的贿赂,放弃了城堡。托马斯·卡特瑞顿坚决否认这一点。约翰·安纳斯利因失去城堡怒火中烧,为了解决这个争端,他决定与托马斯·卡特瑞顿决斗。

显而易见,通过决斗来确定托马斯·卡特瑞顿是否接受贿赂绝对是一种非常荒谬的方式，然而鉴于此事发生在数年之前，事情发生的地点现在属于法国，加之收受贿赂之事很难有证可依，最终，理查二世认为通过决斗审判来裁定这个案件还是很恰当的。于是，理查二世命令双方约定好决斗日期，做好决斗准备，同时，他还指定王宫对面的广场为决斗地点。随着决斗日期逐渐临近，伦敦周围乡村的民众都开始兴奋起来，他们也很期望观看这场决斗。

理查二世命人在决斗即将进行的地方用一圈极为壮观的街垒围出一片宽阔的空地。街垒非常结实，可以最大限度地抵挡人群的冲击。围栏围起来的空地被称作竞技场，为了能够俯瞰整个竞技场，国王理查二世以及宫廷贵族都坐在高台上。其他一些必要的准备工作也都一一完善。指定决斗的那一天到来时，国王和贵族都按时庄严入场、就座。除了中心的竞技场和通向竞技场的道路被全副武装的守卫把守清场之外，整个广场早已人山人海，到处都是从附近乡下赶来观看决斗的民众。最终，经过短暂的等待，大家终于看到了决斗的挑战者约翰·安纳斯利在几位骑士、乡绅和朋友的陪伴下，沿着其中一条道路入场，他骑在一匹马上，这匹马还装饰了光彩夺目的华丽马衣，就连他的朋友们也都全副武装。

第二章 当时的风俗礼仪

到达围栏处后,约翰·安纳斯利就停了下来,随后下马。按照决斗法的规定,任何一方都不允许骑马进入竞技场,如果有一方的马进入竞技场,马的主人就会被处以罚金。负责罚款的官员被称作英格兰高级治安官,他们专门在这种场合下负责决斗进程中的规则和秩序。约翰·安纳斯利下了马,携带武器和装备,在几位乡绅的陪伴下,步入竞技场。他在竞技场来来回回走了几分钟后,一名传令官吹响了一支小号,召唤被告入场。

"托马斯·卡特瑞顿!托马斯·卡特瑞顿!"传令官大声喊道:"赶紧入场!约翰·安纳斯利骑士阁下公开向你下达书面挑战!出来接受挑战吧!"

传令官传唤了三次,就在他第三次召唤时,托马斯·卡特瑞顿出现了。上场时,托马斯·卡特瑞顿也跟约翰·安纳斯利一样,骑在一匹战马上,战马身着华丽的马衣,马饰上还绣有他的家族徽章。他也是在朋友们的陪伴下入场的,这些朋友相当于现代决斗中的副手。

两位决斗者都在竞技场入口处下马,然后步行进入。这时,每一个人都专注地盯着两位决斗者,他们都忽略了托马斯·卡特瑞顿所骑的那匹战马。那匹战马在围栏外跑来跑去,热切希望追随自己的主人,因此,它竭力地将自己的马头和脖颈伸进了栏杆里,试图跳入竞技场内。最终，人们捉住了他的战马，牵走了它，但高级治安官却立刻宣布托马斯·卡特瑞顿的马已经进入竞技场。他表示："我至少应该对那匹战马的马头和脖颈处以罚金，这些部分的确越过了围栏。"

现在，两位决斗者已经在竞技场中面对面地站好了，传令官开始宣读一份书面文件。这份文件是在双方的许可下提前准备好的，它主要陈述了约翰·安纳斯利对托马斯·卡特瑞顿叛国罪的控诉，即托马斯·卡特瑞顿辜负了自己所受的委托，因收受贿赂而将城堡拱手献给敌军，文件也包括了托马斯·卡特瑞顿对这条控诉的答复。为了让所有人——或者是尽可能多的人——听到，传令官大声地宣读文件。文件刚一宣读完毕，托马斯·卡特瑞顿就开始对其中一些段落提出抗议。现场由兰开斯特公爵主持大局，这时他出面打断了托马斯·卡特瑞顿的抗议。兰开斯特公爵表示，既然他事前已经认同了这份文件，那么，如果现在他继续制造额外的麻烦，拒绝决斗的话，他将被立刻判以叛国罪，并即刻执行死刑。

托马斯·卡特瑞顿随即宣称自己已经做好跟对手决斗的准备，他表示他不仅要洗刷文件中提及的罪名，还要为其他任何可能加之于自己的罪名而战斗，最后，他又表示自己行事光明正大，有充分的信心取得胜利。

典礼的下一个步骤相当奇特,两位决斗者在官方主持下庄严宣誓,他们发誓声称自己为之决斗的理由绝对真实,绝对不会在决斗中使用任何巫术或魔法来压制自己的对手,也不会携带任何草药、魔法石或者任何其他种类的宝石来帮助自己获得任何优势。宣誓完毕后,还给决斗双方留下了祈祷的时间。他们都以非常虔诚的方式进行了祈祷仪式。随后,决斗正式开始。

首先,两位决斗者用长矛开始搏斗,随后,他们开始用剑,最后,在决斗接近尾声时,他们又开始使用匕首。决斗中,约翰·安纳斯利似乎颇占上风,他一件接一件地成功击落了托马斯·卡特瑞顿的武器,并将之打翻在地。把托马斯·卡特瑞顿打倒在地后,约翰·安纳斯利原本打算直接压在对方身上,用自己身上沉重的铁盔甲的重量来碾压对手。但炎热的天气和之前消耗的体力使约翰·安纳斯利筋疲力尽,结果他倒下去的时候,并没有落在对手的身上,而是倒在了距离对手尚有一点距离的地方。见此机会,托马斯·卡特瑞顿立刻设法接近约翰·安纳斯利,并成功将对手压在身下。短短几分钟之内,双方就这么牢牢地纠缠在一起,在自己沉重笨拙的盔甲压迫下尽力搏斗着。当时,托马斯·卡特瑞顿始终占据上风。最后,国王理查二世下令,决斗结束,二人分开。

接到理查二世的命令后，一些守卫就上前来解救约翰·安纳斯利，把托马斯·卡特瑞顿从他身上拉起来。但约翰·安纳斯利恳求大家不要这么做，当卫兵们准备带走托马斯·卡特瑞顿时，他敦促卫兵们放自己回刚才的位置，还表示自己完全没有受伤，如果没人干涉的话，毫无疑问，他必会取胜。尽管如此，卫兵们依然严格执行国王的命令，根本没有理会约翰·安纳斯利的请求，而是直接带走了托马斯·卡特瑞顿。

不难发现，此刻，托马斯·卡特瑞顿已经非常虚弱，几乎无法站立。卫兵们把他带到一把椅子前，帮他脱下盔甲，清洗脸部，还给他喝了一点儿葡萄酒，试图恢复他的元气。

此刻，约翰·安纳斯利发现卫兵已经带走了托马斯·卡特瑞顿后，就要求他们也扶自己起来。站起身后，他立刻走到竞技场中国王就座的地方，恳求理查二世允许自己继续战斗。他表示如果国王允许自己继续战斗到底的话，胜利一定会属于他，这一点是确切无疑的。最终，国王和众贵族同意了他的请求，命约翰·安纳斯利躺回原地，并命人把托马斯·卡特瑞顿重新放到他身上，尽可能将二人恢复到分开以前的样子。

不过，在对托马斯·卡特瑞顿执行这条命令时，卫

第二章 当时的风俗礼仪

兵们发现托马斯·卡特瑞顿当时的状况已经根本不可能继续搏斗了。托马斯·卡特瑞顿晕了过去,从椅子上摔了下来,陷入了昏迷。他似乎并没有受伤,但由于受热过度、盔甲沉重以及战斗中用力过度而极度虚脱,筋疲力尽。他的朋友们再次扶起他,替他松开并脱下盔甲。从盔甲的重负下解脱出来后,他恢复了意识,瞪着双眼环顾四周,脸上满是迷惑和可怕的表情。这一幕激起了所有人的同情,但这些人中并不包括约翰·安纳斯利。离开国王后,约翰·安纳斯利来到可怜的托马斯·卡特瑞顿就座的地方。约翰·安纳斯利依旧充满了愤怒和仇恨,他开始嘲讽辱骂托马斯·卡特瑞顿,称托马斯·卡特瑞顿为叛徒,是假模假样、惯作伪证的恶棍,挑衅他再次回到场地中结束决斗。

面对约翰·安纳斯利的挑衅,托马斯·卡特瑞顿没说一句话,只是瞪大眼睛张望四周,那时,他似乎并不知道自己在哪儿,也不明白大家正在对自己做些什么。

这种情况下,约翰·安纳斯利只能放弃再次决斗的申请了。最后,约翰·安纳斯利被宣判为胜利者,而可怜的托马斯·卡特瑞顿因为在决斗中战败,其叛国罪罪名成立。之后,他的朋友们带他回去,并把他安置在床上。此后,他整夜都处在狂乱的状态下,第二天上午九点钟,他就不幸离世了。

正如古代历史学家所说的那样,决斗是为普通大众的狂欢而战,也是为叛徒的挫败而战!

亨利六世

精彩看点

亨利继位——亨利国王的叔叔们——分权——争吵——亨利·博福特和格洛斯特公爵汉弗莱——继续争吵——贝德福德公爵被召唤回国——贝德福德公爵去世——花絮——法王的大度——年幼的亨利六世到法国加冕——惊人的场面——加冕——宴会——争端再次爆发——格洛斯特公爵夫人的忏悔——巫术——国王的处境——亨利·博福特的阴谋

正如上文所述，亨利五世驾崩后，玛格丽特的丈夫亨利六世继承了王位，而那时他才九个月大，当传令官宣布他即位的小号和鼓声传遍伦敦城时，他还不过是个躺在保姆臂弯里的婴孩。

当时，亨利六世还是襁褓中的孩子。于是，谁应代他执政成了一个棘手的问题，问题牵涉的对象主要是小国王的叔父们，而他这三位叔父又正如上一章描述的那样，个个都是粗鲁狂暴、权势熏天的大贵族。他们每一个人都拥有数量庞大的私兵，又有众多党羽为之服务。虽然整个国家极其惧怕他们之间的争端，但每一个人也都明白，这些争端迟早会爆发。

亨利六世的三位叔叔分别是最年长的埃克塞特公爵托马斯、贝德福德公爵约翰和格洛斯特公爵汉弗莱。老国王亨利五世驾崩时，托马斯和汉弗莱在英格兰，而约翰在法国。约翰在法国战绩辉煌，人人皆知——为了维持并扩张英格兰的疆域，他进一步占领了法国的土地。

老国王亨利五世驾崩后，政府的主要贵族和官员齐聚内阁会议。为了避免亨利六世的叔父们爆发争端，他们决定尽可能平均划分三者的权力。于是，看似并不野心勃勃、热衷争斗的埃克塞特公爵托马斯被指派照顾监护年幼的国王，格洛斯特公爵汉弗莱被任命为英格兰的守护者，而贝德福德公爵约翰则成为法国的摄政王。这样一来，三者似乎都很满意。

然而，好景不长。很快，一位叫亨利·博福特的主教得到任命，辅助亨利六世的叔父埃克塞特公爵托马斯亲自照管并监护国王。亨利·博福特是亨利六世的叔祖，是冈特的约翰的幼子，从小在教堂长大，后成为温彻斯特主教，再后来担任枢机主教。这样一来，与其他大贵族相比，他的地位就显得格外尊贵，其财富、权力和社会影响力都毫不逊色。此外，他博闻强识，足智多谋。一获得幼年国王的监护权，亨利·博福特就决定借助这个特权达到自己不可告人的目的，并开始制定远大的计划。这样一来，亨利·博福特和格洛斯特公爵汉弗莱便开始嫉妒对方的影响力和权力，接着就是他们及他们的追随者展开了公开的正面交锋。

在这里,我不打算详述他们之间的冲突,只简要概述。一开始摆在他们面前的就是一个棘手的难题——格洛斯特公爵汉弗莱希望释放关押在伦敦塔里的一个囚犯,而负责伦敦塔的碰巧是亨利·博福特。紧接着伦敦桥发生暴乱,骚动不安,整个伦敦城陷入极度恐慌。面对接连不断的事故,亨利·博福特声称:"一切都是格

亨利·博福特。绘者信息不详

洛斯特公爵汉弗莱的阴谋。他打算带走小国王，因为只有这样，小国王才能脱离我的监管。不仅如此，他还打算谋害我！"为了确保自己的安全，防止格洛斯特公爵汉弗莱打入自己的宫殿，亨利·博福特加固了防御工事，并派兵驻守伦敦桥的所有通道。他设置了路障，取掉了大桥吊闸的铁链，然后调集大批武装力量守卫这个关卡。伦敦城的居民惊慌失措，他们担心双方的士兵和拥趸可能会引发暴乱，就召集守卫，日夜守护着自己的财产，以防乱军侵害自己的利益。城中混乱不堪，居民人人自危。当时，尚且没有一个司法机构强大到足以控制这场争端。最后，人们不得不派出一个代表团前往法国向贝德福德公爵约翰求助，恳请他立刻回到英格兰解决这场争端。

  回到英格兰后，为解决两大集团的纷争，贝德福德公爵约翰召集议会，召开庄严的审判。格洛斯特公爵汉弗莱指控亨利·博福特犯下一系列的重罪，而亨利·博福特也做出了正式的答复，他的答复中不仅包含着他自己的辩解，同时还反过来指控格洛斯特公爵汉弗莱的罪行。双方都雇佣了阵容庞大的辩护团，同时，他们也精心起草了自己的文件，并提交给贝德福德公爵约翰和议会。随后就是一系列的辩论，两大派系的支持者也各自

格洛斯特公爵汉弗莱。绘者信息不详

展开了无穷无尽的指控和反指控。最终,审判宣布双方各有过错。为了解决争端,双方均做出妥协。审判做出决断,重新调整了英格兰守护者格洛斯特公爵汉弗莱与国王的监护人亨利·博福特的权力和特权。两派对对方的让步尚且满意,就此达成和解——至少从表面上看去,双方表现得一团和气。事后,贝德福德公爵约翰再次回到了法国。

年复一年,好在当初的矛盾没再掀起波澜:尽管双方曾经的嫉妒和仇恨余温尚存,但格洛斯特公爵汉弗莱和亨利·博福特之间没有再发生任何公开的冲突。只要贝德福德公爵约翰在世,他的影响力就足以成功压制两派。然而,就在小国王亨利六世即将十四岁时,贝德福德公爵约翰不幸辞世了。贝德福德公爵约翰是在法国去世的,他的葬礼在鲁昂举行——从某种意义上说,鲁昂是贝德福德公爵约翰在法国的统治总部。贝德福德公爵的葬礼华丽而隆重,人们在他的坟冢前竖起了一座恢弘壮丽的纪念碑。

这里插叙一段逸事,它与法王和贝德福德公爵约翰的坟冢有关。贝德福德公爵约翰去世后,鲁昂落入了法国手中。之后,一些人认为这座纪念碑是为他们的死对头而建造的,提议推倒它,但法王并没有听从这条建议。

他表示:"即便我们推倒了这座纪念碑,将贝德福德公爵的尸骨掘起,我们,或者说你们,又有什么可荣耀的呢?他的一生中,我的父王也好,在座各位的先祖也好,即使各位前辈集中了他们全部的权力、威势和盟友,他们也没能够让他哪怕后退一步,而他——贝德福德公爵约翰——凭借自己的力量、智慧和韬略,让我们不敢越

少年时代的亨利六世。绘者信息不详

雷池半步。所以我说，上帝拥有他的灵魂，而我们，就让他的身体在其埋骨之处安息吧。"

转眼间，亨利六世到了可以加冕的年龄。除了在英格兰举行盛大的加冕仪式外，他还要去法国接受法国的王冠。通常，法王也会出席这次加冕仪式，仪式在巴黎附近的小镇圣丹尼斯举行，那里有一个古老的皇家教堂，所有跟法国王室相关的宗教庆典都在那里举行。进入法国境内后，亨利六世一行人——此行人数多达数千人——便朝圣丹尼斯一路前进。骑士、贵族和重骑兵组成规模宏大的队伍，所有人着装华丽，就连马衣也非常精致，以至于再美好的形容都显得那么苍白无力。到达圣丹尼斯后，当政人员出来迎接亨利六世。这些人穿上了朱红色长袍，拉起装饰华丽的横幅。亨利六世穿过重重大门，正式出场了。

出场后，亨利六世看到了一面巨大的盾形纹章，上面刻着巴黎的城徽和一艘银船，船上的人员手持"三颗深红的心状物"，打开这三颗心时，第一颗心里飞出两只鸽子，第二颗心里飞出了数只小鸟，它们在国王头顶盘旋，第三颗心里则满是紫罗兰和其他鲜花，鲜花撒落在亨利六世以及他的随从和大臣身上。

同一个地方，市镇要员也都出场了，他们手举华盖，

亨利六世的加冕礼。绘者信息不详

蓝色的丝绸华盖上用金线绣着象征着法国王权的百合花徽章，装饰华美，绣工精巧。国王亨利六世便在华盖的护送下进入圣丹尼斯。

再往前走，穿过一座小桥，便是露天表演现场。三个野蛮人在模拟森林中的一场争斗——他们在为一位女性而战。下一处是一座葡萄酒喷泉，数条美人鱼在里面游来游去。在这一天，喷泉中的葡萄酒是免费的。再往前走是一片开阔的大型露天广场，人们在那里建了一片人工森林。亨利六世经过时，森林里正在进行一场狩猎追逐，几条勇猛的猎犬正在追逐一只牡鹿。牡鹿冲到亨利六世的马前寻求避难，亨利六世就赦免了这"可怜虫"。

就这样，亨利六世被引进他的宫殿。为了准备如上描述的庆典和仪式，人们花费了大量时间。接下来，亨利六世在教堂里举行了正式的加冕礼。教堂中搭建起的一座高台成为整座教堂中最引人瞩目的地方。亨利六世及其随行人员登上了高台，在高台上就座。

加冕礼之后，举行了盛大的宴会。宴会在一座宏伟古老的大厅里举行，亨利六世、英格兰重要的大贵族和高级官员在一张大理石餐桌旁就座。所有这些仪式中，温彻斯特主教亨利·博福特都是仅次于亨利六世的最尊贵的人物。亨利·博福特在加冕礼的所有环节中备受尊崇，格洛斯特公爵汉弗莱对此极为嫉妒。两次加冕礼时，亨利六世的年纪并不大，长相清秀，温文尔雅。

格洛斯特公爵汉弗莱跟亨利·博福特之间一直水火不容，但某种程度上，这些年里，他们的矛盾还是有所缓和的。一部分原因是贝德福德公爵约翰生前的影响，另一部分原因是格洛斯特公爵汉弗莱的主要精力都放到其他事情上了，特别是他在法国的一系列战事。失宠的那些日子里，他在法国参与了许多重要会战。然而，亨利六世二十岁时，他再次返回英格兰后，他跟亨利·博福特之间的争端再度爆发。

这时，亨利六世已经长大成人，终于可以在争端中发挥一些作用了。因此，双方都竭力争取他的支持。格洛斯特公爵汉弗莱在连续二十四篇的系列文章中控诉亨利·博福特的罪行，而亨利·博福特则反过来控诉格洛斯特公爵汉弗莱犯下了叛国罪，还特别指出格洛斯特公爵夫人曾试图借用巫术结束亨利六世陛下的性命。最后，格洛斯特公爵夫人被定罪。据说，为了让她在苦行中忏悔自己的过失，格洛斯特公爵夫人被判手持一支点燃的烛台，赤脚穿过伦敦最繁华的主街道。还有一些人也被指控为格洛斯特公爵夫人的帮凶参与了这项大罪，而他们则被统统处死。

据说，为了行使巫术，这些人制作了一个亨利六世的蜡制小像。然后，他们通过某种方式将之与国王本人建立起紧密的联系。随后，他们再用慢火逐渐融化掉这个蜡制小像。据说，这意味着国王本人也会随之感受到巨大的痛苦，然后慢慢衰弱，直到死去。当时，很多人都相信这么做就会达到预设的目的。

当然，这些事件日渐加深了双方的仇恨。格洛斯特公爵汉弗莱下定决心，务必将自己的阴谋执行到底，务必完全消除亨利·博福特的影响力，也务必大权在握。尽管亨利六世偏向亨利·博福特，但他生性安静温和，不愿意积极参与这样的争端，因此，亨利·博福特也没有办法诱导他按照自己的想法采取行动。不过最后，他还是想到了一个主意——为亨利六世迎娶一位冰雪聪明、才干卓越的公主，然后博得王后的支持，间接提高自己的权力。而玛格丽特就是亨利·博福特为亨利六世挑选的王后。

第四章

玛格丽特的父母

精彩看点

法国的行省——大家族——安茹——勒内国王——洛林——勒内迎娶伊莎贝拉——玛格丽特诞生——希欧法妮——伊莎贝拉的叔叔安东尼——战斗——勒内受伤被俘——伊莎贝拉的恐惧和痛苦——沉重的消息——对伊莎贝拉的同情——伊莎贝拉会见叔叔——和平谈判——人质——和平的严酷条件——勒内无法筹集到赎金——勒内的长期监禁——监狱里的职业和娱乐——勒内皇室头衔的来源——伊莎贝拉和孩子们在塔拉斯孔——女巫和疫病——伊莎贝拉来到了意大利——勒内终于获释——他的性情脾气——勒内国王的炉边

昔日，构成现在法国领土的地区由许多独立的省组成。这些省犹如界限明确的州或王国，是贵族、公爵和男爵的领地。领主们尽管都承认法国国王和英格兰国王的权威，但仍然像小国王一样统治着各自的领地，掌握着几乎绝对的统治权。这些省中，大多数北部省份受英格兰王国管辖，而中部和南部省份则受法国统治。

一些名门望族自恃清高，把所统治的省当作自己的私产。在他们看来，那片土地属于自己，就连土地上的居民也是自己的家仆。不仅如此，只要领主们乐意，所有的一切还可以世代相传，或转手相送，或作为嫁妆送给女儿的婆家。而这些领主的姓往往源于其所统治地方的地名。

安茹是法国的一个省。玛格丽特的父亲勒内国王雷尼埃勒是个很有名的人物，他恰好是安茹领主的次子。正因如此，传主玛格丽特又称安茹的玛格丽特。人们通常称玛格丽特的父亲为勒内国王，后文将对他得到这个名号的原因加以详述。

洛林是法国的另一个省。它坐落于法国东部，幅员辽阔，风景优美，向来是法国的重镇之一。与洛林相比，安茹的地理位置更靠西些。当时的洛林公爵是查理二世，他的女儿伊莎贝拉是他的爵位继承人。

根据那个时代的审美标准，伊莎贝拉是个年轻貌美的姑娘，她心灵高贵，接受过相当完备的教育。勒内国王与伊莎贝拉联姻时，勒内国王十四岁，伊莎贝拉十岁。结婚后，一对小夫妻居住在蓬塔穆松宫。蓬塔穆松宫是一座巨大的城堡，是伊莎贝拉的父亲送给她的嫁妆。洛林公爵查理二世去世之前，伊莎贝拉和丈夫一直住在蓬塔穆松宫；而他去世后，他们就会继承整个洛林的统治权。

居住在蓬塔穆松宫的那段时间里，勒内国王和伊莎贝拉生了几个孩子。玛格丽特生于1429年3月23日，排行第五。玛格丽特出生后不久，父母就在图勒镇的教堂为她举行了盛大的受洗仪式。许多身份高贵的亲属都参加并见证了这次典礼。

玛格丽特的父亲勒内国王。尼古拉斯·夫劳门特（1435—1486）绘

玛格丽特王后的母亲伊莎贝拉。绘者信息不详

第四章 玛格丽特的父母

照顾小玛格丽特的保姆叫希欧法妮。希欧法妮为这个家族服务多年，忠诚可靠，伊莎贝拉生下的所有孩子都由她先后照管。全家人跟希欧法妮感情很深，希欧法妮不幸辞世后，为了纪念她，勒内国王特地建了一座纪念碑。纪念碑上刻有希欧法妮的雕像，雕像上的希欧法妮臂弯间还抱着两个孩子。

按理说，洛林公爵查理二世去世后，洛林应该由伊莎贝拉和勒内国王继承。然而，她的叔父，也就是查理二世的弟弟安东尼·德·沃代蒙，却不以为然。他认为，伊莎贝拉并比不自己更有权利继承洛林，即使伊莎贝拉得到丈夫的全力支持，他也比伊莎贝拉实力更强，也能夺取并守卫好洛林。伊莎贝拉的父亲刚一去世，安东尼·德·沃代蒙就决定夺取洛林公国的统治权，决不让它落入侄女伊莎贝拉之手。在他看来，洛林历来是兵家必争之地，而伊莎贝拉不过女流之辈，根本不能担此重任。

于是，安东尼·德·沃代蒙集结了拥趸和私兵，组建了一支军队，开始攻城略地。而伊莎贝拉则竭尽全力争取洛林百姓的支持。勒内国王以伊莎贝拉的名义组建了一支武装力量，并亲自指挥大军去迎击安东尼·德·沃代蒙。伊莎贝拉只好带着孩子们来到洛林的南锡，对她来说，南锡是最安全的地方，她打算在那里等待战争的结果。当时,玛格丽特大约两岁。

双方在勒涅维尔开战。在这次战争中,幸运之神似乎并没有站在正义的一方。勒内国王的军队被完全击败,他本人也受伤被俘。据说,勒内国王在战场上不遗余力,像雄狮般勇猛地战斗,但最终他的额头还是受了重伤,鲜血顺着伤口流入眼睛,以至于他什么都看不见,什么也做不了。击伤他的人是一位支持安东尼·德·沃代蒙的乡绅,名叫圣波尔伯爵。勒内国王受伤后,圣波尔伯爵立刻俘虏了他。

那段时间,伊莎贝拉和她的孩子们一直在南锡避难。

雷尼埃勒和他的军队。马夏尔·德·奥弗涅(1420—1058)绘

第四章 玛格丽特的父母

她几度陷入焦虑,希望尽早得知战争的结果,因为这对她而言意义重大。她抱着年幼的玛格丽特,站在塔楼的窗口日夜瞭望,希望能等到丈夫胜利的消息。然而,她等来的却是冲入眼帘的一大群难民。他们溃不成军,气喘吁吁,身上满是灰尘和鲜血。看到眼前这一幕,伊莎贝拉不由惊恐万分——通过逃难者的恐惧和悲痛,她清楚意识到己方战败了。她紧紧抱住玛格丽特,声嘶力竭:"我的丈夫被杀死了!我的丈夫被杀死了!"声音中充满了绝望。

逃亡的民众到达南锡后,告诉伊莎贝拉,虽然她的丈夫受伤被俘,但他目前还是安全的,听到这里,伊莎贝拉的悲伤和痛苦才稍稍减轻了一些。

伊莎贝拉带着孩子在南锡避难。绘者信息不详

南锡人对伊莎贝拉深感同情。她那么年轻漂亮，她的孩子们——尤其是玛格丽特——个个气质非凡。伊莎贝拉的母亲强烈主张重建军队，继续对抗安东尼·德·沃代蒙。相比之下，伊莎贝拉更关心丈夫的安危，所以也就更倾向于和解。她派人给叔父送信，表达自己和谈的愿望，恳请他同意会面。安东尼·德·沃代蒙同意了她的请求。面谈时，伊莎贝拉恳求叔叔还回自己的丈夫，并跟自己和平共处。

安东尼·德·沃代蒙则表示释放勒内国王已经超出了自己的权力，他已经把勒内国王移交给他的盟友勃艮第公爵监管，而勃艮第公爵已经将他押送至他在第戎的城堡，如果不交付相应的赎金，勃艮第公爵可能不会释放勒内国王。好在他表示愿意与伊莎贝拉休战六个月，并达成相对满意的协议。

双方同意停火，经过长时间的谈判，最终达成协议。勒内国王必须支付给勃艮第公爵大笔赎金，而在他筹集款项期间，作为担保，他的两个儿子必须交由勃艮第公爵监管。考虑到洛林的归属问题，安东尼·德·沃代蒙则坚持要伊莎贝拉的长女——当时年仅九岁的尤兰特——跟自己的儿子弗雷德里克订婚。这样一来，经由他们联姻，至少下一代可以平息双方对洛林归属权的争

勃艮第公爵。他与安东尼联合打败了玛格丽特的父亲勒内国王。罗吉耶·魏登（1399—1464）绘

伊莎贝拉的长女尤兰特。绘者信息不详

第四章 玛格丽特的父母

夺。而为了确保条款的执行，尤兰特则应即刻送由安东尼·德·沃代蒙的妻子，也就是她未来丈夫的母亲照管。这样一来，除了玛格丽特之外，伊莎贝拉其他所有的孩子都被带走了。尽管玛格丽特目前还在母亲伊莎贝拉身边，但她仍然无法逃脱和谈条款的纠葛。安东尼·德·沃代蒙坚称玛格丽特也应跟自己的一位亲信联姻。为了加重勒内国王和伊莎贝拉的痛苦和屈辱，他特意选定了那位在勃涅维尔之战中击伤并生擒勒内国王的绅士圣波尔伯爵作为玛格丽特未来的丈夫。

和谈的条款极其苛刻，但伊莎贝拉还是同意了，因为只有答应这些条件，她的丈夫才有望获释。可是最后，这仅存的一点儿希望也被证明不过是一场虚妄。勒内国王发现，无论怎么努力，他都无法筹集到勃艮第公爵要求的所有赎金，而当时他已将自己的两个儿子作为人质送到了勃艮第公爵那里。为了换回儿子，他不得不再次返回第戎，成为囚犯。他被迫抛妻弃子，再次回到那似乎永无尽头的监禁中，这一幕着实令人肝肠寸断。当时的玛格丽特虽然年纪尚幼，但也沉浸在这片愁云惨雾中，与父亲离别之际，她不禁放声悲啼。

勃艮第公爵将勒内国王关押在第戎城堡的一处高塔的顶层，囚禁了数年之久。勒内国王的一个儿子跟父亲囚禁在一起，另一个则被释放。在此期间，玛格丽特一直跟母亲在一起。她是一个美丽非凡、聪明伶俐的孩子，非常招人疼爱。她的美貌和气质引起了广泛的关注，人们越是心疼她，就越是同情她父亲的不幸遭遇和母亲的孤独痛苦。

尽管遭到了囚禁，勒内国王还是尽量凝神静气，为自己创造一些平静的日常活动。跟安东尼·德·沃代蒙战斗时，勒内国王堪称英勇善战，而这并非他的天性，他非常喜欢音乐、诗歌和绘画。被关押期间，他一得空就会仿照当时流行的式样，绘制一些美丽的画作。数百年来，他的一些画作一直都保存在第戎教堂的窗户玻璃上。

正如上文所述，玛格丽特王后的父亲雷尼埃勒的封号是勒内国王，这里将做具体解释。勒内国王的一个哥哥与其妻子乔安娜通过继承王位成为两西西里王国的国王和王后，也就是说，他的王国包括西西里岛以及大陆上跟那不勒斯相邻的区域。临终之际，这位哥哥指定勒内国王为自己的继承人。那一年是1436年，勒内国王仍然被囚禁在第戎的城堡里，没有办法前去主张这个王位的继承权。幸运的是，伊莎贝拉立刻获得了两西西里王国王后的封号。随即，她便准备出发前往意大利接收这个王国。

第四章 玛格丽特的父母

勒内国王的哥哥两西西里国
王路易三世。绘者信息不详

为了进一步完善计划,伊莎贝拉在罗讷河畔的塔拉斯孔城堡暂住了一段时间。那时,她的两个孩子,即她的儿子路易斯和女儿玛格丽特仍在她的照顾下,另一个儿子跟丈夫勒内国王一起被关押在第戎,而另一个女儿尤兰特——上文已经提及——已经托付给安东尼·德·沃代蒙的妻子监护,待她稍大一点,就要跟安东尼·德·沃代蒙的儿子完婚。

在塔拉斯孔，伊莎贝拉的孩子们引起了广泛关注。他们的母亲伊莎贝拉出身名门望族，她的家族跟法国王室的联系也相当紧密，而现在伊莎贝拉也是一位王后了，至少在称号上是这样的。孩子们的聪明美貌、他们家庭的不幸遭遇以及他们的父亲和哥哥被残忍囚禁的事实广为人知，也在塔拉斯孔引起了广泛讨论。当地农民和他们的家人纷纷聚集到城堡周围来看孩子们，向他们献上鲜花编制而成的花环以及其他满载心意的纪念品，还为孩子们唱小夜曲。当时，塔拉斯孔的一些地区还流行着肆虐的瘟疫，为了避免孩子们感染瘟疫，夜幕降临后，他们还在城堡四周的高墙下点燃很多火堆。

塔拉斯孔的人们都认为这场鼠疫是由魔法和巫术引起的。当时有一些贫困的老妇人——她们也跟随农民们一起来到城堡的高墙下看望孩子们——被认为是巫婆。后来，瘟疫开始在塔拉斯孔泛滥，伊莎贝拉只得带着孩子们离开那里。许多人认为瘟疫是那些贫苦的老妇人制造的，于是把她们抓起来，绑在火刑柱上活活烧死。

截至目前，时机已经成熟。伊莎贝拉带着孩子们来到意大利，暂住在小镇加普亚。虽然勒内国王仍在囚禁中，但伊莎贝拉仍旧命人宣布他为两西西里王国的国王，并举行了盛大华丽的游行和庆典。加冕庆典上，伊

第四章 玛格丽特的父母

莎贝拉乘坐着以天鹅绒作为内衬、并装饰有精美的金线刺绣的皇家大马车，玛格丽特和她的哥哥则在母亲的身旁就座。在庆典中，他们以这样的方式穿过了城市的大街小巷。

一段时间后，勒内国王终于被释放了，终于能够与家人团聚了。然而他并没有机会长久地享受这些富足的生活，因为他对那不勒斯王国的继承权再次引发了争议，冲突过后，他被驱逐出两西西里王国。这个时候，英格兰正在法国境内大举扩张领地，他的出生地安茹，以及妻子当初继承的洛林都已落入英格兰手中。显然，尽管他们是贵族后裔，出身不凡，拥有数个辉煌的皇室封号，但一家人已然落入了无家可归的境地。回到法国后，伊莎贝拉只好带着孩子们一家接一家地寻求避难，这些大贵族都跟她有着或多或少的血缘关系，而勒内国王则四处流浪，潦倒不堪。

面对种种不幸，勒内国王依然保持着宁静致远的禀性。无论身处何地，他都能以音乐、诗歌和绘画自娱自乐。他开朗和善，为人随和，即使是作为一个最普通的拜访者，所到之处也无不受到欢迎和欣赏。尽管他是个没有国土的国王，但有生之年，他一直保留着勒内国王这个封号。据说有一次，他的生活陷入了极度困顿，不得不在马赛的大街上来回踱步,在建筑物阳面的太阳下暖和自己的身体。由此,引出了那句经久不灭、常被后人引用的谚语,谚语称那种为了逃避家里的寒冷而出去晒太阳取暖的举动为勒内国王的炉边。

这就是玛格丽特幼年生活的家庭。

第五章

王室求婚

精彩看点

玛格丽特王后的成就和才能——求婚——英格兰的情况——亨利六世的个性——廷臣的计划——婚姻计划——亨利六世的情况——格洛斯特公爵的计划——阿马尼亚克的三位公主——她们的画像——计划失败——哪种方式——主教的计划——亨利六世想要得到画像——尚舍维尔去法国——萨福克伯爵——尚舍维尔处于危险中——格洛斯特写信给法王——尚舍维尔被捕——计划全盘泄露——宫廷麻烦——格洛斯特公爵汉弗莱的反对——英格兰的反对——激烈的讨论——萨福克伯爵受惊——他的安全通行证——各种反对意见——亨利六世有了一个竞争者——玛格丽特的愿望——婚事敲定

不满十四岁时,玛格丽特就因其才貌双全、举止端庄、谈吐文雅名动一时。她随母亲辗转于法国各地,借住在不同家庭,有时还会住进法国王后的宫廷。认识她的人,无不为她的魅力所倾倒。玛格丽特当年跟圣波尔伯爵缔结的婚约解除后,其他一些家族请求跟她联姻,但她的母亲都没有同意。伊莎贝拉以女儿为傲,对女儿的未来寄托着高远的期许,所以一点儿都不愿意草率安排女儿的婚事。

同时,在英格兰,正如上一章论述的那样,亨利六世的亲戚和叔父之间的怨恨积压已久,局势犹如箭在弦上,以亨利·博福特和格洛斯特公爵汉弗莱为首的两大派之间的战争一触即发。亨利六世成年之前,亨利·博福特一直亲自照管他,而亨利六世的叔父格洛斯特公爵汉弗莱则是同一时期英格兰的摄政王。

时光飞逝，亨利六世已经二十四岁了。试想一下，如果他精力充沛，善于杀伐决断，没准儿能压制那些狂暴的冲突者，还能将统治权牢牢掌握在自己手中，并迫使他们在权威下和平共处。遗憾的是，亨利六世生性怯懦、意志薄弱，亨利·博福特和格洛斯特公爵汉弗莱及其拥趸则狂暴躁动、冲动鲁莽。在这种情况下，亨利六世即使希望从中调解，也力有不逮。

事实上，两派的主要矛盾就是竭力争夺亨利六世的控制权。为了实现这一目标，两派很早就着手准备了——他们都在谋划着为国王选择一位合适的妻子。无论两派中的哪一方能成功说服国王接受己方的联姻方案，该方的领袖定会成为宫廷里最有影响力的人——双方对此心照不宣。

在那个时代，国王和王子的婚姻很难由自己做主，他们无法轻易拒绝政治意义上的联姻——即使在现代王室，也是如此。通常，为他们安排婚姻大事时，他们年纪尚幼，没有发言权，更没有参与决策的资格，他们唯一要做的就是首肯这个选择，然后实施这项决策。成年后，如果他们打算毁掉孩童时代的婚姻，或拒绝承认这桩婚姻，那他们必将付出可怕的代价——招来极度反对，

亨利六世年轻时的画像。绘者信息不详

陷入政治纠葛，甚至引发公开的、残酷的战争。

有时候，即使一位王子或国王到了能分清是非的年龄，虽然之前没有为其安排适婚对象，其境遇也好不到哪儿去。亨利六世就是如此，如果他想为自己选择一位心仪的妻子，那他将面临尴尬的境地。同时，他择偶的范围也极其有限——他不能通过访问其他国家的宫廷，结识那里的公主，然后选择一位真正适合自己的公主并迎娶她。因为在那个时代，任何一位位高权重的人出访外国都是非常危险的行为，更何况是一国之君呢！不难想象，他离开期间为国家所做的种种必要安排，往往会激发旧的仇恨，挑起新的事端。

考虑到各种不利因素，意欲择偶的国王或王子不得不退而求其次，只能通过传闻了解几位备选公主的性格、人品，或根据她们的画像判断其个人魅力。亨利六世择偶时就遇到了这种情况。亨利·博福特和格洛斯特公爵汉弗莱以及这两派的其他成员都热切希望为国王物色一位合适的新娘。为实现这个目标，他们急切地四处寻觅。这时，无论出于什么原因，但凡国王有丝毫离开王国的迹象，都会让这些派系立刻公开对战。

格洛斯特公爵汉弗莱及其拥趸相中了阿马尼亚克家族的三位公主。他们计划跟这个家族展开议婚谈判，并

第五章 王室求婚

获得三位公主的画像，然后将画像送回英格兰。这样一来，亨利六世就可以根据画像在三位公主之间做出选择。为此，他们还专门组建了一个委员会来处理相关事宜。亨利·博福特及其拥趸也在密切关注议婚的事态进展，以便随时阻止计划。虽然计划才刚开始，但他们仍需谨慎行事，以免露出马脚。

关于三位公主的画像，亨利六世向议婚委员会下达了特殊指令——务必确保画像的精确性和真实性。亨利六世希望画家在勾画公主们的轮廓时，绝不能夸大她们的美丽，而且公主们坐下来准备画像时，也不能以非同寻常的方式打扮自己。相反，画面上一定要呈现出她们最真实的面容和最简洁的衣裙，她们的身材、相貌、肤色及神态都须是最自然的状态。委员会也给画家下达了命令，要求他迅速完成这些画像，然后将画像送回英格兰，这样国王就能尽早看到这些画像。只有三位公主的画像栩栩如生地呈现在国王面前，他才能在三者之间做出自己的选择。

有此机会，亨利六世就能在阿马尼亚克家族的三个公主之间选择自己心仪的对象。遗憾的是，计划虽然安排周详，也考虑到所有细节，但还是未能成功实施。因为那时公主的父亲恰好正在跟法王进行联姻谈判，为了自己利益最大化，他自然希望先悬置英格兰方面的议婚事宜。于是，他通过种种方式打断或延迟画家的画像工作，让他无法按期完成画像。

就在格洛斯特公爵汉弗莱和他的党羽们一心忙着推进方案，试图诱导亨利六世从阿马尼亚克家族的三位公主中选一个为妻的时候，枢机主教亨利·博福特及其拥趸也没有闲着。亨利·博福特久闻玛格丽特风华绝代，冰雪聪明，经过全面调查和周详考虑后，他在心中择定玛格丽特为英格兰女王，让她成为自己在宫廷的代理人。为了吸引亨利六世的注意，他采用了如下方式来引入这个话题。

英法战争期间，有一个名叫尚舍维尔的人在安茹被俘。俘虏他的骑士扣押了他并向他索要赎金，但并未对他实施严密的看管。他获得假释，得以在英格兰境内自由行动，也就是说，他以自己的荣誉保证自己在赎金付清之前绝不会逃跑，更不会逃回自己的祖国。

尚舍维尔虽已沦为囚犯，但从出身和教养上来说，他却是个不折不扣的绅士。居留英格兰期间，由于得到了假释，他得以进入英格兰最高层的社交圈，还常在宫廷露面，并有机会面见亨利六世，与之交谈。一次会面中，他以流光溢彩的词句向国王亨利六世描述了玛格丽特的绝世容颜和冰雪聪明。据说,他是在枢机主教亨利·博福特的诱导下这么做的。原来,自从得知尚舍维尔跟玛格丽特王后相熟后,亨利·博福特就极力促成他跟国王会面。这样一来,尚舍维尔就有机会在无意中向国王提及玛格丽特,同时,这种方式也不会招来国王的怀疑——听到对这位公主的赞誉是自己朝臣联姻谋算的结果。

如果这真的是亨利·博福特的秘密计划,那其成效不得不令人钦佩。尚舍维尔对玛格丽特倾国倾城的美貌描述,以及她活泼的性格和过人的智慧,都成功唤起了亨利六世强烈的好奇心。

"我非常希望看到这位年轻女士的画像。"亨利六世说。

"我能够轻松为陛下拿到画像,"尚舍维尔回答说,"假如陛下委托我以此为目的回到洛林的话。"

尚舍维尔希望回到洛林,为亨利六世办妥此事,这样一来,他就可以规避假释所需承担的义务了。

最后,亨利六世允许尚舍维尔离开英格兰。但尚舍维尔并不满足于亨利六世的口头承诺,他要求亨利六世赐自己一张正式的安全通行证,以恰当的形式写明事由,并附上亨利六世的亲笔签名。收到这份文件后,尚舍维尔立刻启程离开伦敦,开始了长途跋涉。显然,他此行的性质和目的均属高度机密。

一个名叫萨福克伯爵的贵族深得亨利六世的信任，受到指派跟尚舍维尔一起协同办理此事。当时的情形应该是他陪同尚舍维尔前往洛林——那时玛格丽特王后正跟母亲一起住在那里——到了洛林之后，他就协助尚舍维尔一起完成画像。他们在法国雇了一位顶尖级的画家，画像一完成，尚舍维尔就带着画像启程返回英格兰。

而这时，那位俘虏尚舍维尔的英格兰骑士却通过某种渠道获悉自己的囚犯已经离开英格兰，返回了自己的祖国。他怒不可遏，他认为尚舍维尔没有缴清赎金就擅自返回法国的行为严重违反了他们之间的假释约定。当时，违反假释是有损名誉的行为，不仅因犯本人不光彩，那些教唆他、协助他这么做的人以及在他逃跑过程中保护他、藏匿他的人也都有失体统。因此，这位骑士认为自己应该立刻跟法王交涉此事，向其讲清事情的来龙去脉，令其逮捕逃犯，并将之押回英格兰。

这位骑士前去面见了格洛斯特公爵汉弗莱，跟他讲述了事情的原委，让他写信给法王，知会法王尚舍维尔背离假释约定私自逃走一事，要求法王不要给尚舍维尔提供避难所，而要立刻逮捕他，并遣回英格兰。格洛斯特公爵汉弗莱很乐意做这件事。首先，他知道尚舍维尔

第五章 王室求婚

是亨利·博福特的一个朋友，或者至少是跟亨利·博福特利益相关的一个人；其次，他还推测尚舍维尔回法国极有可能是为亨利·博福特执行什么特殊任务或秘密策划什么阴谋，而亨利·博福特及其同伙则很可能从中获益。因此，他写了一封信，并即刻派人送给当时的法王查理七世。

收到信后，法王查理七世即刻下令逮捕了尚舍维尔。那时，尚舍维尔已经拿到了玛格丽特的画像，正在离开洛林、前往英格兰的途中。他遭到拦截后，被送往文森，又从文森押到法王查理七世面前，查理七世要求他为自己的行为做出解释。

到了这一步，尚舍维尔不得不说出整件事的来龙去脉。他表示自己一点儿都没有违反假释约定，也无意用任何方式欺诈自己的英格兰债主，更不会不付自己应付的赎金，他回到法国纯粹是因为英格兰国王亨利六世的命令。他还进一步解释了自己此行的目的，向查理七世展示了玛格丽特的画像——他原本打算把这幅画像带回去给亨利六世。同时，为了证明自己所言非虚，他还呈上了亨利六世亲笔签发给他的安全通行证。

听完他的解释后，查理七世不由得开怀大笑，他居然发现了亨利六世的恋爱秘密，这真是太巧了。同时，查理七世也非常高兴，因为亨利六世居然对一位法国女士怀有憧憬，而这位女士又跟法国王室有着千丝万缕的关系。此外，查理七世还考虑到自己可以借助这桩联姻，在英法议和谈判时达成更利于法国的条款。因此，他立刻释放了尚舍维尔，还建议后者尽快返回英格兰，并在他自己能力范围内极力促使亨利六世选择玛格丽特作为他的王后。

尚舍维尔奉命返回了英格兰，并向亨利六世汇报了此行的结果。看到玛格丽特的画像后，亨利六世非常满意，他决定再次赋予尚舍维尔一个秘密使命——派他立刻回到洛林去见玛格丽特的母亲。不过在此之前，亨利六世决定替尚舍维尔付清那笔赎金，先把尚舍维尔从假释的状态中彻底释放出来。格洛斯特公爵汉弗莱非常嫉妒地冷眼旁观这一切，他发现，尚舍维尔刚刚回到英格兰就立刻来到了宫廷，而且还跟亨利六世和亨利·博福特频频会谈，谈话的内容更是神秘莫测。此外，他还获悉亨利六世为尚舍维尔付清了他欠那位骑士的赎金，而且尚舍维尔还将再次被派出行，他开始怀疑一定有什么计划在进行。不久之后，整个宫廷都群情涌动，都在为国王亨利六世向玛格丽特求婚一事兴奋不已。

格洛斯特公爵汉弗莱及其拥趸强烈反对选择玛格丽

查理七世

特作为他们的王后。他们深知,既然她是另一派竭力推荐给国王的,一旦她成为英格兰的王后,那他们一直以来的希望就会随之破灭。而另一派则坚定、热切地支持这次联姻。经过漫长的竞争和无穷无尽的谋划,双方互有攻防,最终,美丽的玛格丽特赢得了胜利。1444年的一天,英格兰和法国政府各自正式地任命特使在图尔城会面,为两国永久和平展开停战谈判,而和谈的坚实基础则是亨利六世跟玛格丽特缔结的婚约。双方决定休战两年,这样一来,他们便可以详细安排两国之间和平共处的细节,同时也可以完善议婚条款。

停战的消息一经传来,英格兰上下举国欢腾,格洛斯特公爵汉弗莱及其拥趸则一心想阻止这桩婚姻。不过,考虑到婚姻不是政治,他们并不能公开反对这桩婚事,于是,他们便将敌意指向当时正在跟法国进行的和谈计划。他们表示,以英格兰强大的武力以及英格兰在法国持续增长的权力,正值鼎盛的英格兰根本没必要跟法国议和。而亨利六世国王的顾问团却向国王建议终止征服法国的辉煌进程、撤回军队,他们这样的建议不仅自毁体面,而且还会让英格兰失去即将赢得的一切。

在议和问题上,宫廷和议会讨论激烈,争执不休。最终,亨利·博福特一派占了上风。亨利六世任命萨福

第五章 王室求婚

克伯爵为最高使节，命其前往法国宫廷商谈两国即将达成的和平条款。同时，萨福克伯爵还要协商亨利六世和玛格丽特的议婚条款。

一开始，萨福克伯爵很不情愿担此重任。他担心为了达成亨利六世的愿望，自己将不得不对法国做出重大让步，而在未来的某个时期，一旦格洛斯特公爵汉弗莱一派的人掌权，自己难免需要对这些妥协负责，也难免会遭到审判和谴责，还可能因自己牺牲了英格兰王国的荣耀、建议并促成了不光彩的和平谈判而被判叛国罪。他忧虑重重，一方面，他感觉到了格洛斯特公爵汉弗莱一派持续上涨的激愤；另一方面，他也感受到了亨利·博福特一派的威胁和恐吓。

接到任命后，萨福克伯爵勇气尽失。于是，他恳求国王原谅自己无法执行这么危险的任务。但亨利六世并没有收回成命的意思。最终，他们达成约定，亨利六世以应有的、庄严的形式赐给萨福克伯爵一份书面命令——上面有亨利六世的亲笔签名，还加盖了印玺——要求萨福克伯爵为了王室的权威承担此次出使任务。萨福克伯爵把这份文件当作自己的护身符，他的打算是，将来有朝一日，万一自己的政敌当权，因今日的出使之事审判自己时，自己就可以用这份书面命令为自己开脱，免除自己的法律责任。

协商和平谈判和议婚条款时困难重重，但萨福克伯爵最终都一一克服了。困难之一来自于玛格丽特的父亲勒内国王，他宣称安茹自先祖以来就是勒内家族的领土，而现在却被亨利六世的军队占领了，除非亨利六世恢复他和他的家族对安茹的所有权，否则他无法同意英格兰的求婚。萨福克伯爵并不愿意放弃这片土地，他深知，这块土地是前方将士浴血奋战，打了无数次硬仗，牺牲了无数英魂后才得到的。在英格兰，最不受欢迎的主意或许就是放弃安茹。一旦答应勒内国王的要求，英格兰人民对这桩婚事的敌意就会骤增。等到那时，格洛斯特公爵汉弗莱一派将会势力大增。然而，勒内国王坚持己见，不肯变通。最后，萨福克伯爵不得做出让步——安茹重归旧主。

勒内国王之所以这么做，还有一个原因——贫困的他难以给女儿一份与这场华丽婚礼相匹配的嫁妆。但亨利六世却表示有无嫁妆都没有意义，他要娶的是玛格丽特本人，即使她没有嫁妆，她的个人魅力也足以超过世界上所有的财富。因此，如果玛格丽特的父母肯屈尊将女儿嫁给他，那他便不会收取任何嫁妆。

亨利六世希望议婚谈判尽早结束，因此，他愿意接

玛格丽特父亲为勒内国王。图中跪在地上祈祷的人为勒内国王,站在他身旁的为一名贵妇、主教和将军。尼古拉斯·夫劳门特绘

受法王和勒内国王提出的任何要求。他之所以这么急切，是因为勃艮第家族也有一位年轻的王子正在向玛格丽特求婚。这位王子英勇善战，风度翩翩，才气过人，对玛格丽特也是一往情深。当时，这位王子就在法国时刻准备着，只要亨利六世的议婚谈判出现麻烦，就立刻带走自己的心上人。

现在，我们无从得知玛格丽特究竟更中意谁。年仅十五岁的她只能倚仗父母处置自己的婚事。更何况，她的婚事涉及了家族利益和政治利益，这种情况下，人们几乎不会考虑一个年轻女孩儿的个人喜好。

最终，一切安排妥当后，萨福克伯爵回到了英格兰，带回了和平条约和婚姻契约。接下来要做的就是等待英格兰的理事会和议会批准生效。随即，格洛斯特公爵汉弗莱和枢机主教亨利·博福特开始了新一轮争斗。但由于亨利六世全力支持亨利·博福特一派，和平条约和婚姻契约全部获准生效。劳苦功高的萨福克伯爵晋升为侯爵，同时，根据王室婚礼的惯例，他又受命全权代表亨利六世前去法国，以英格兰国王的名义迎娶新娘。

第六章

婚礼

精彩看点

准备婚礼——兴奋——婚纱——同伴——法王和王后——举行婚礼——新娘家人——专使——格斗比赛——游戏胜出者——另一个爱情故事——私奔——玛格丽特告别亲友——出发的队伍——和法王和王后道别——玛格丽特的父母——新娘的新朋友——船只——延误的原因——亨利六世缺钱——英格兰的开销——穿过海峡——恶劣的天气——欢迎玛格丽特王后——南安普顿之行——玛格丽特王后借宿女修道院——康复——最后的仪式——奇特的新娘礼物——狮子送到了伦敦塔——玛格丽特王后继续行程——欢欣——格洛斯特公爵汉弗莱——他的计划——他邀请玛格丽特王后——伦敦繁忙的准备——奇特的展览——正义与和平——玛格丽特王后经过伦敦——加冕——玛格丽特王后休息

为了置办出隆重的婚礼，也为了尽快迎娶新王后回国，准备工作随即拉开序幕。根据当时的习俗，像玛格丽特王后这样的外国公主和亨利六世这样的当政王子联姻时，要举行两场完全不同的庆典仪式：第一场是在新娘父亲的宫廷上，在那里，她通过新郎的代理人跟未来的丈夫结为连理；第二场则是在到达英格兰之后，她跟丈夫本人再次举行婚礼。正如上一章所述，萨福克伯爵受命作为国王婚礼的代理人，将代表亨利六世参加第一场婚礼。他的任务就是前往法国，以亨利六世的名义迎娶新娘，并将她接回英格兰。那段时间，英格兰宫廷里的贵族和夫人大都很关心即将到来的婚礼，一想到可以随同迎亲远行，大家就兴奋不已。

即将随萨福克公爵及夫人出发迎亲的贵族和夫人开

始为远行做准备工作。大家讨论着穿什么服装、戴什么饰品以及打包什么礼物，别提有多热闹了。一阵忙碌之后，行李已经收拾妥当。最终，远行队伍按照指定日期出发，前往法国。数天长途跋涉后，远行队伍中的几个小团队率先抵达洛林首府南锡——第一场婚礼即将在那里举行。

与此同时，法王和王后也率领法国宫廷的大批贵族和绅士抵达南锡，前来观礼贺婚。婚期将近，许多骑士和夫人也热切盼望见证婚礼的盛况，于是，他们率领华贵的队伍从周边国家的行省和城堡赶来。一时间，整个南锡城成了欢乐的海洋。

婚礼在教堂举行，随之而来的还有盛大的游行和阅兵典礼。婚礼现场人山人海，无比壮观，几乎所有欧洲极具名望的贵族和夫人都身着华服，来到了结婚典礼的现场。婚礼结束时，新娘被郑重地托付给萨福克公爵夫人，在新娘安全到达英格兰、交付到她丈夫手里之前，其安全和起居都由萨福克公爵夫人照管。萨福克公爵夫人是枢机主教亨利·博福特的一个表亲，她能获此殊荣无疑跟亨利·博福特的照顾有关，而这份殊荣也为她赢得了众多的人脉和影响力。

新王后宫室的常驻内府官员正在组建、扩充。而这

早期的南锡城

次从英格兰来迎亲的队伍中不乏贵妇名媛,大家明里暗里都希望争得一席之地。这里将列举新王后宫中得到任命的部分府邸人员:萨福克公爵夫人之下是五位男爵和男爵夫人,十七位骑士,六十五位乡绅,一百七十四名贴身男仆,以及其他仆役,这些人均有各自的俸禄。除了这些已经得到任命的人,还有许多人也想服侍新王后,哪怕没有报酬,只要有个职位就心满意足。

如果玛格丽特王后的父亲勒内国王拥有跟自己封号相对等的财富,那至少在送亲队伍出发前往英格兰之前,勒内国王应该支付所有费用。但事实上,这些开支都由亨利六世担负。每项开支的精确数额都记录在特定的账本中,这些古老的账本留存至今,典藏在英格兰的古代档案室里。

为了庆祝婚礼,南锡还举办了体育竞赛及其他活动,前后持续了八天时间。其中,体育竞赛包括多场模拟格斗,许多身份高贵的人都参与了这些格斗,他们一出场就格外引人注目。法王也出现在对阵表中,他的对手是新娘的父亲勒内国王,结果法王落败。按照习俗,在庆贺女儿出嫁的比赛中,战胜新娘的父亲极不礼貌。

前文已经提及,圣波尔伯爵曾跟玛格丽特王后订有婚约,但并未兑现。在这次体育竞赛中,他也获得了胜

第六章 婚礼

利,还赢得了一份珍贵的礼物。给他颁奖时,人们还举行了隆重的仪式,由两位最尊贵的夫人——法国王后和新娘的母亲伊莎贝拉——给他颁奖。或许,他之所以赢得这次竞赛,也是对手出于礼貌和安慰。毕竟,他已经将那个真正的奖赏让给他最大的竞争者亨利六世,并且

圣波尔伯爵。绘者信息不详

送对方以胜利的姿态带走自己的心爱之人。

庆祝活动期间，一件意外的事情发生了，差点儿造成严重的后果。因为这件事，庆典被迫中断；但也因为这件事，庆典显得更有特色了。犹记得，勒内国王跟伊莎贝拉的叔叔安东尼·德·沃代蒙之间曾订立了婚约和和约。那时两派交战，勒内国王被俘，双方和谈时达成了约定，即玛格丽特王后要跟圣波尔伯爵缔结婚约，而她的姐姐尤兰特则要嫁给安东尼的儿子费里。费里并不打算像圣波尔伯爵那样安静地放弃自己的权利。直到现在，他还没能和尤兰特完婚，但他绝不打算放弃自己的新娘。因此，他决定为自己争取更大的主动权。

费里暗自策划了一套私奔的方案。根据计划，他将利用比赛时混乱的场面，趁机带走尤兰特。为此，他召集了一队勇敢的年轻骑士——这些人不仅愿意助他达成所愿，还承诺秘密完成此次计划。在年轻骑士的帮助下，费里强行带走了尤兰特。他一路疾驰，带尤兰特到了一个安全的地方，并打算在那里亲自监护公主，直到勒内国王和伊莎贝拉同意这桩婚姻。听到女儿被绑架的消息后，勒内国王怒火中烧，宣称绝不会原谅费里和尤兰特。好在法王和王后从中调解，勒内国王才肯让步。于是，费里和尤兰特顺利完婚，各方和好如初。这一边，玛格

第六章 婚礼

丽特王后被耽搁的婚礼庆典和各类活动得以再次热闹起来，大家的热情也变得越来越高涨。

庆典落幕，欢庆归于沉静，南锡的婚礼活动终于告一段落，玛格丽特王后也将启程前往英格兰。根据安排，一路上负责照管玛格丽特王后的是萨福克公爵和侯爵夫人，实际上，家人和朋友才是她最信赖的人。尽管如此，离别终会到来，玛格丽特王后也终将离开父母，离开那些孩提时代无比熟悉和热爱的人，跟随一群陌生人去往一片遥远而全新的土地。离别之际，面对她皎若秋月的美貌和活泼迷人的举止，她的父母既心疼又不舍，就连她的朋友也流露出依依别情。

法王和王后更是对自己的玛格丽特王后难舍难离。于是，他们决定，等她从南锡出发时，再送她一程。伴驾送行的还有法王的许多朝臣，他们和英格兰贵族以及新王后宫中的官员仆从一起组成了庞大的送亲队伍。送亲队伍中，人们身着华贵服饰，骑着身披华丽马衣的骏马，看上去光彩夺目、玲珑剔透，似乎在向世人表明这就是世界上规模最宏大、气氛最欢快的送亲队伍。

队伍行进了五六英里后停了下来，法王和王后即将从这里返回。他们心中充满了离别的悲伤。跟玛格丽特王后话别时，法王一次又一次地紧紧拥抱她，告诉她尽管将她放在欧洲最尊贵的王座上,也算不上真正为她做过什么。"即便是这样一个王座也配不上你,我亲爱的孩子。"说这些话时,他的双眼饱含泪水。王后则情不自抑,除了哭泣和一次次亲吻玛格丽特王后外,已经哽咽得说不出话,最后不得不转过身,带着离情别绪回去了。

玛格丽特王后的父母并没有立刻跟她分别,而是一同陪她前行了两天,直到洛林边界附近的小镇巴勒迪克——那是他们最终分别的地方。分别那一刻,他们满心愁绪,泪目纵横,几度哽咽,却依然不停爱抚着他们心爱的孩子。虽是道别,但所有临别赠言和他们的心情比起来却是那么苍白无力。

父母都离开后,玛格丽特王后的身边仍然有一部分熟人。她的一个兄弟和她的一些好朋友将全程相送,陪伴她到英格兰。此时,玛格丽特王后跟萨福克公爵和侯爵夫人已经熟络了起来,一路上有这对夫妇的照管,她开始变得依恋他们了。萨福克公爵和夫人生活优容,举止得体,对玛格丽特王后关怀备至,无一疏忽。看到玛格丽特王后因离开父母亲朋、离开故国而悲痛不已,他们也在自己的能力范围内尽力安抚她,此外,他们还想方设法地使这趟旅途尽可能更舒适宜人。

整个婚礼期间,法国北部海岸一个叫做基泽劳斯的

法王查理七世的王后玛丽

码头一直停着一艘来自英格兰的船，等待着接玛格丽特王后和她的送亲团队穿过海峡。南锡和基泽劳斯相隔甚远，在那个出行设施有待完善、资金匮乏的年代，这段行程耗费了漫长的时日。如前所述，亨利六世承诺支付婚礼的一切开支，包括婚礼团队从法国到英格兰的费用。这笔花费数额巨大，可是偏偏那一段时间里，亨利六世非常缺钱。虽然亨利六世国王也在努力地筹集资金，但格洛斯特公爵等人不仅极力阻挠议会通过资助国王的议案，还在自己的职权范围竭力地给亨利六世设置了重重困难，令他陷入两难的境地。

由于上述困难，在南锡举办了首场婚礼之后，又过了三个月，玛格丽特王后才做好一切准备，登船前往英格兰，而那艘船早已在基泽劳斯等候她多时了。

亨利六世要提供玛格丽特王后及其迎亲队伍从法国远道而来的费用，到达英格兰后，他还要举办隆重的接待仪式及一些娱乐活动，而这一切都耗费巨大。并且，这才只是个开始，接下来，他们要举办第二场婚礼，这场婚礼要比之前的所有庆典更为隆重，而且随后还有王后加冕礼以及与之相配套的一系列节日和庆祝活动。而所有这一切都牵扯到了巨额开支，因此，资金到位之前，他根本不宜接玛格丽特王后进入英格兰。面对这样的困

第六章 婚礼

局,为了体面地接待自己的新娘,亨利六世只能全力以赴地筹集资金,为此,他不得不抵押了自己皇冠上的大部分珠宝、自己家族的铠甲及其他诸如此类的个人财产。后来,很多抵押出去的财产再没有赎回。

终于,一切准备就绪。迎亲队伍接到可以扬帆启程的命令后,他们这才遵命出海。他们要穿过英吉利海峡,进入朴茨茅斯港,最后在波切斯特镇登陆。然而,整个旅程并不舒适——狭小的船在这段宽阔的海峡航行并不容易。加之玛格丽特王后还晕了船,当船停泊在码头上时,她四肢无力,难以站立,幸亏有萨福克公爵夫人搀扶着她,才得以勉强登岸。

送亲队伍出发以来,狂暴天气不断。最终,就在他们登岸的那一天,伴随着电闪雷鸣的狂风暴雨呼啸而来,大雨在波切斯特镇倾盆而下。尽管如此,狂风暴雨并不能阻挡当地人的热情,玛格丽特王后穿过街道时,人们蜂拥而至,聚集在为她铺设的地毯两旁。迎亲的队伍所到之处,欢呼喝彩源源不断。就这样,作为新娘的玛格丽特王后穿过了城镇,来到了临近的一家修道院,她将在那里度过自己踏上英格兰后的第一夜,准备接下来的伦敦之行。

第二天,风和日丽,按照安排,玛格丽特王后以及她的团队应乘坐驳船,沿着海岸线,经由波切斯特镇前往南安普顿。这一程风平浪静,驳船先沿着波切斯特镇的海岸进入了人称索伦特海的海峡,这一片风景如画的海域非常狭窄,可以避风。经过这个海峡后,玛格丽特王后一行人就进入了南安普顿海域,之后,他们沿着海岸线行进了八到十英里,到达了南安普顿城。

那个时代还没有旅店,抵达南安普顿后,玛格丽特王后再次被安顿在城郊附近的一座修道院里。也正是在那里,她遇到了亨利六世派来会见她的人,他们将协助她做好正式出现在宫廷之前的一切准备。他们采取了一系列的措施来帮助新王后,比如说他们派了一位特殊的信使前去伦敦,将一位英格兰裁缝带到南安普顿,命其为新娘玛格丽特王后准备合适的礼服,使她能够在即将到来的一系列庆典中以得体的姿态出现在英格兰贵妇名媛面前。

根据皇家礼仪,在正式举行第二场婚礼之前,新郎亨利六世是不允许见到新娘玛格丽特王后的。这时,亨利六世国王已经离开了伦敦,暂时居住在距离伦敦十到十二英里远的索斯威克镇,那里有他的一处行宫和一座公园。他们的婚礼将在利奇菲尔德教堂举行,教堂坐落在南安普顿和国王暂住的索斯威克中间的位置,而玛格

第六章 婚礼

丽特王后将会在那里落脚。亨利六世希望一切准备工作能在几天之内就绪,但好事多磨。到达南安普敦不久,玛格丽特王后就得了某种类型的斑疹伤寒,因为她的症状类似于天花,所以她所有的朋友们都极为担心。好在幸运的是,她的病并不如起初预料的那么严重,一两周后,她就脱离了危险期。

新娘玛格丽特王后生病的这段时间,亨利六世只能在索斯威克焦虑悬心地等待着,因为根据皇家礼仪的严格规定,他根本不能去看望他的新娘。

最后,玛格丽特王后终于完全康复了,而那一天也被指定为举办婚礼的最终庆祝日期。婚礼那天,玛格丽特王后走在辉煌华丽的队伍前面,以极为端庄华贵的仪态行至礼拜堂,在那里,在众多贵族和夫人面前,第二次婚礼即将举行。参加此次婚礼的贵族和夫人是从伦敦、温莎或者英格兰各地不同的城堡赶来的。

1445年4月,亨利六世和玛格丽特王后婚礼的最后仪式举行。当时,出生于1429年3月的玛格丽特王后刚好十六岁零一个月。

在所有跟婚礼有关的、一切令人好奇的事件中,有一项记载表明,在婚礼期间,玛格丽特王后收到了一件可以作为她自己宠物的礼物,正如当下的年轻新娘可能会收到一头猎犬或一只金丝雀一样，玛格丽特王后收到了一头狮子。在那个年代，富有的贵族会在自己的城堡里豢养大型猛兽，这种情形极为常见，他们往往会在自己城堡的高墙内壁中为这些猛兽建造一些专门的洞穴来圈禁它们。历代英格兰国王也会驯养一些猛兽，他们一般会将这些猛兽关在伦敦塔里，而在塔里关闭某些大型野生动物的传统一直延续到了近代。我记得我小时候曾读过的一些故事书中都有这样的情节，即孩子们来到伦敦后，往往会被父母带去观看"塔中的狮子"。

玛格丽特王后也把她的礼物——那头狮子送到了伦敦塔。在这场著名的婚礼开支账单中，有这样一笔记录，它表明玛格丽特王后找了两个人照管这头狮子，给它喂食，并送它回伦敦。这笔费用是二十五先令三便士，在美国的货币体系中，它相当于10或12美元。对于这样一项任务而言，这个费用看起来有点少，但我们必须记住，当时货币的购买力要大于现在的货币。

前往伦敦的筹备工作早已准备就绪，婚礼刚刚结束，亨利六世和玛格丽特王后立刻启程，一起前往伦敦。事实很快就证明，这一段行程比玛格丽特王后先前的任何一段行程都欢乐，场面也更加隆重。乡下的民众成群结队地挤在路边，争相瞻仰玛格丽特王后的风采，观看那

伦敦塔位于伦敦市中心,曾作为堡垒、军械库、国库、铸币厂、宫殿、刑场、公共档案办公室、天文台、避难所和监狱(特别是夫押上层阶级的囚犯)。图为一幅雕版画:泰晤士河畔的伦敦塔

些陪伴她的骑士和贵族的壮观队列，欣赏他们目不暇接的华丽服装和装饰品。他们看到，队伍中的每一个人都在自己的帽檐或扣眼里别上一朵雏菊，因为玛格丽特王后选择了雏菊作为自己徽章的装饰图案。玛格丽特王后一行每穿过一座城镇，那座城镇就有无数的民众聚集在街道两旁：就连窗户里也挤满了人，还有的人甚至站在房顶或墙头。他们吹响号角，挥舞旗帜，大声欢呼，喝彩鼓掌，以各种方式欢迎着玛格丽特王后。

此前，为了阻挠这场婚姻，格洛斯特公爵汉弗莱及其拥趸在自己能力范围内无所不用其极，这时，他们发现婚礼已成既定事实，自己这一方先前的反对不仅毫无意义，而且还可能会加速自己的彻底垮台。于是，他们决定改弦易辙，衷心地加入到欢迎新娘的民众中去。格洛斯特公爵汉弗莱的计划是尽力说服玛格丽特王后，让她相信自己先前的反对仅仅只是针对英法之间的议和，仅仅只是出于政治利益的考量，然而现在，他已经完全放弃了自己先前的立场。因此，他打算，如果有可能的话，在迎接新王后进入伦敦时，他这一方的欢迎仪式的华丽程度要超过其他所有贵族。

格洛斯特公爵汉弗莱在格林尼治有一座宫殿，坐落在距离伦敦不远处的泰晤士河边。他邀请玛格丽特王后

第六章 婚礼

在她行程的最后一天前来自己的宫殿歇脚,以缓解她的旅途劳顿,也为她进入伦敦将经历的兴奋和辛劳做好准备。玛格丽特王后接受了他的邀请。新娘的队伍快要接近他的宫殿时,格洛斯特公爵亲自率领自己的五百名私兵前去迎接,私兵们穿着统一的制服,佩戴着公爵的个人徽章。格洛斯特公爵汉弗莱之所以要整出这么大的排场,一方面,他希望向新娘致敬,另一方面,他想给玛格丽特王后一个良好的印象,让她感受到自己在英格兰贵族中的地位和重要性,也让她意识到与他为敌可能会给她自己招致的重大危险。

为了向新王后表示敬意,在她经过伦敦城的大街小巷时,全城都做了精心准备。按照当时的流行做法,在盛大的公共节日里,人们常常会在大街上搭建舞台,表演某些跟节日气氛相配的象征性或戏剧性的情景剧,宣扬某种真理或某些道德理念,有时人们还会演出圣经中的一些内容。这些表演大都是由伦敦市民安排的,有些剧目非常古怪,如果放在今天,它们可能只会招来嘲笑。举例来说,在某一个地方,人们会安排两个人物皮影,一个代表正义,另一个代表和平,这些皮影都能通过牵线活动,这样一来,当玛格丽特王后经过那里时,两个皮影就会在幕后人员的操作下动起来,互相接近并做出显然是互相亲吻的动作。这个表演表达的寓意是正义与和平紧密相连，是对婚礼庆典本身意义的恰当描述和纪念，它表明这段婚姻可以确保英法两国之间的和平。其他地方还有诺亚方舟、聪明和愚蠢的修女的寓言、天堂般的耶路撒冷等表演，甚至还有一处在表演耶稣复活和末日审判。

那天上午，预计玛格丽特王后即将穿过伦敦城，准备表演的地方搭建好了舞台，所有的露天表演都做好了表演的准备。市长和议员组成了庞大的队伍，其他各界代表也都有自己的队伍。这些队伍沿着泰晤士河朝下游走去，直接到格林尼治迎接玛格丽特王后，然后引导她穿过伦敦城。这些市政官员骑在马背上，身着喜庆的官服，所有领队人的制服都是鲜红色的，他们的随从则按照各自的行业列队带着红色的帽子，身着蓝色的长袍，长袍的袖口都有精美的刺绣。皇家队列以这种方式被护送着穿过伦敦桥，穿过城市的主要街道，到达威斯敏斯特大教堂。新娘玛格丽特王后终于安全地来到了丈夫亨利六世的宫殿。

玛格丽特王后进入伦敦城的时间是 5 月 28 日。两天后，玛格丽特王后在威斯敏斯特大教堂正式加冕为英格兰王后，同时，人们还举行了盛大的游行和庆典仪式。

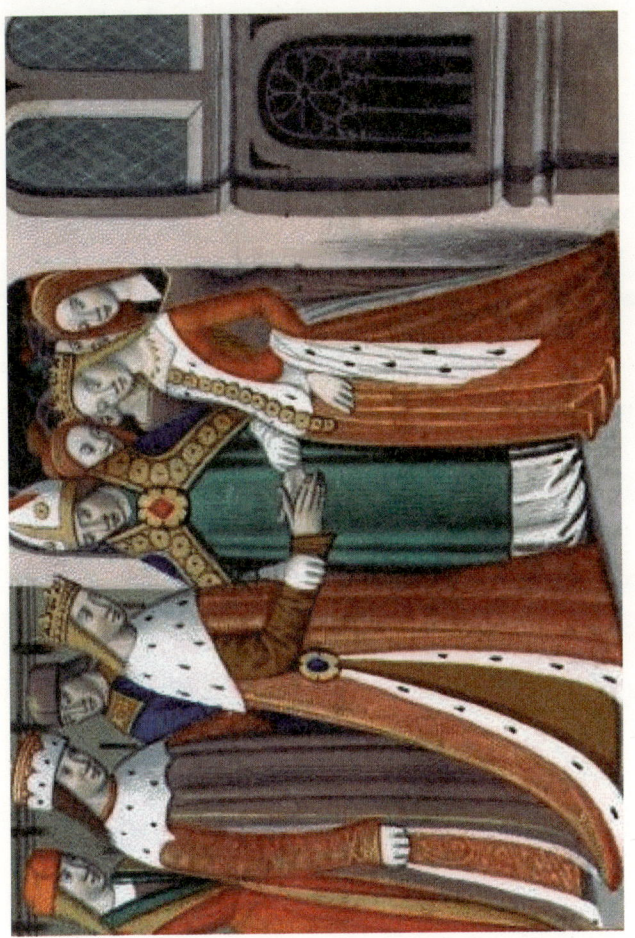

亨利六世与玛格丽特王后的婚礼。出自一本历史书籍中的插图

紧随加冕礼之后的是一场为期三天的大型体育竞赛，在这种场合下，伴随着宴会和其他庆祝活动的通常都是这样的体育竞赛。终于，这些旷日持久的仪式全都结束了，新娘玛格丽特王后终于可以放松一下了。

第七章

英格兰的接待

精彩看点

格洛斯特公爵汉弗莱——枢机主教亨利·博福特——玛格丽特王后跟萨福克公爵夫妇的交情——纷争——玛格丽特自行解决——玛格丽特王后的古代画像——修缮王宫——玛格丽特王后喜爱枢机主教亨利·博福特——格洛斯特公爵汉弗莱的嫉妒——玛格丽特王后的朋友和顾问——她超强的判断力——新娘的好榜样——英格兰的意见——亨利六世的性格——玛格丽特王后的性格——她在英格兰的受欢迎度

玛格丽特王后刚到英格兰时，格洛斯特公爵汉弗莱为她举办了盛大的接待会，但玛格丽特王后心里很清楚，格洛斯特公爵汉弗莱一直反对她的婚姻，也曾全力阻止她和亨利六世联姻。自然而然地，玛格丽特王后也把格洛斯特公爵汉弗莱当作自己的敌人，尽管一开始她也努力在表面上做到以礼相待，但内心深处，玛格丽特王后一直都很反感格洛斯特公爵汉弗莱，为了让他彻底垮台，玛格丽特王后非常乐意跟他的政敌联手。

上文提到过，枢机主教亨利·博福特和萨福克公爵都是格洛斯特公爵汉弗莱的死对头。这时，为人可敬的亨利·博福特年事已高，其雄心却不减当年。亨利·博福特富甲一方，权倾天下。此外，他还曾是国王亨利六世的监护人，因为这层关系，他对国王亨利六世的影响力非同小可。而萨福克公爵及侯爵夫人则曾代表国王亨利六世前去法国接回了玛格丽特王后，在这个过程中，他也成功地激发了后者对他深厚的友谊。玛格丽特王后跟萨福克公爵及侯爵夫人情谊深厚，这不仅是由于他们在促进她的婚事中起到了重要作用，也是因为他们在整个行程中对她细致周到的照顾。这样一来，一方面，亨利·博福特和萨福克公爵可以对国王亨利六世和玛格丽特王后施加重要的个人影响，所以在跟格洛斯特公爵汉弗莱的对抗中，他们颇具优势；另一方面，格洛斯特公爵汉弗莱在民众中的威望较高，他并非没有自己的优势。大家都觉得，随着玛格丽特王后的到来，这几位大人物之间的旧日恩怨将会再次爆发，因此，他们都在紧张焦虑地寻找最终的胜利者，生怕一不留神站错了队。

玛格丽特王后的加冕典礼结束后，看到她在自己的新家已经舒适地安顿下来，一切都很妥当，那些受玛格丽特王后的父亲派遣，陪她一路前来的送亲队伍就准备离开英格兰，返回法国了。出发前，他们收到了亨利六世的馈赠，从而弥补了他们此行的开支。

就这样，玛格丽特王后独自留在了自己的新位置上，她即将承担的是全新的责任。为了迎接她，工匠们特意修整了所有宫殿——实际上，此次修整非常必要，自先王后离世以来，那些地方就一直荒废着，年久失修。

　　那个时代的生活极为简陋，即便是为国王和王后建造的宫殿和城堡，也只是个仅供遮风挡雨的住所，根本谈不上任何舒适度。自亨利六世登基以来，在他漫长的少年时代里，这些宫殿完全托付给了那些粗鲁的住客，由其随意使用，结果，国王居住的宫殿甚至还比不上士兵的营房。为了迎接年轻美丽的玛格丽特王后，以及一大群欢快的贵妇名媛——她们将在这里陪伴她，亨利六世需要修复伦敦塔，还要整修威斯敏斯特和里士满的宫殿。这是一个浩大的工程，既需要充分的时间，还需要不菲的资金。而那时，亨利六世特别缺钱，以至于付清工匠的工钱对他来说几乎是难于上青天。现在，我们仍然能够看到一份当时的监工提交给国王亨利六世的请愿书。在请愿书上，监工恳请国王亨利六世给他提供更多的资金，以便于他付清工匠的工费，不然的话，他就很难雇佣到新的人手来继续完成工作了。众所周知，工匠的工费本身就很微薄，可是请愿书中罗列的拖欠工资竟是如此之多，由此，我们也可以想象亨利六世当时境况有多困窘。但无论如何，在玛格丽特王后到来之前，宫殿的修缮工作还是如期完工了。此外，亨利六世还在伦敦塔为玛格丽特王后准备了几套套间，如果她愿意，伦

年轻的玛格丽特王后。W.H. 莫特(1803—1871)绘

18世纪的威斯敏斯特教堂（局部）

敦城内和城郊的三处王宫都能供她居住。

如前所述，枢机主教亨利·博福特家财万贯。他在沃尔瑟姆福雷斯特有一座漂亮的豪宅，距离伦敦以北只有数英里。亨利·博福特特意在那栋住宅里为玛格丽特王后划拨了一套华贵的居室，全新的装饰华贵而典雅，这样玛格丽特王后前来拜访时，就可以舒适地居住在里面了。房间里，巨幅床帏使用的是产自大马士革的金线织绣，家具及其他配饰的品质和格调都与之相得益彰。

玛格丽特王后时常去亨利·博福特的这所乡间豪宅拜访。玛格丽特王后越来越宠信亨利·博福特，她所做的每一个决断都愿意遵循他的建议。事实上，亨利·博福特对玛格丽特王后的影响力也大大增强了他对亨利六世国王的控制力——当时，亨利·博福特的意见几乎可以左右宫廷和政府的所有事务。见到这种情况后，格洛斯特公爵汉弗莱和他的党羽们越加愤懑了。他们表示，由于亨利六世的软弱和愚蠢，英格兰王国已经完全落入了一个教士——亨利·博福特和一个法国女人——玛格丽特王后的手中。

对于这种状况，格洛斯特公爵汉弗莱等人并非束手无策。玛格丽特王后年轻貌美，英格兰人民都着迷于她的美貌和风度，也因此认为她做的每一件事都正确无比。

第七章 英格兰的接待

事实上,在很大程度上,玛格丽特王后踏上英格兰土地的那一刻就采取了相当明智的策略。多数情况下,年轻的王后们跟玛格丽特王后的境况一样,远离故土,远离朋友,来到异国的宫廷,这时,她们往往会让故国的自己最宠信的人作为自己最为宠信的伙伴,而在新的国度对他们委以重任。然而一旦她们这样做的话,这位异国新娘的亲朋好友和她丈夫的本国旧友迟早会产生猜忌和敌意,那么最后,宫廷里必然会形成国王派系和王后派系两大派系,继而就是永无休止的争执和互相倾轧,而出于对王后引入的异国势力的本能猜忌,本国民众也必然会参与到争斗中来。

玛格丽特王后足够明智,顺利避开了这种危险。如上所述,玛格丽特王后的加冕典礼一结束,那些跟随玛格丽特王后来到英格兰的重要人物——他们不仅陪她跋山涉水来到异国他乡,还给她的父母和朋友们带回了真实可信的消息,确保她的丈夫确实得体地接纳了自己——就立刻被遣返回国了。玛格丽特王后只留下了几位仆从和两三位密友。之后,玛格丽特王后立刻选择了英格兰本土的两个人作为自己的亲信,他们分别是亨利·博福特和萨福克公爵。如前所述,亨利·博福特是亨利六世孩提时代的监护人,也是他成年后的顾问和大臣；而萨福克公爵则是亨利六世的主要大臣之一，他曾受亨利六世的委托，作为国王的代理人，全权负责议婚谈判并一路护送玛格丽特王后回到英格兰。同时，玛格丽特王后也将萨福克公爵夫人当为自己最为亲密的女性朋友，她不仅任命萨福克公爵夫人为自己宫殿最显赫的宫廷侍女官，在其他方面，她也对其表现出了深深的依恋。尽管那时的玛格丽特王后尚不足十七岁，但她已经表现出了足够的理智和审慎。在安排荣誉侍女官这种位置煊赫的人选时，她的做法明显比其他相似地位的新娘高明，非常值得赞叹。那些新娘总会选择某位跟自己年龄相当的女性，一般都是新娘从故国带来的女友。而玛格丽特王后却选择倚重萨福克公爵夫人这样一位年龄和地位都颇具分量的女士，并将之当为自己的心腹，她这样的理智和审慎不得不令人敬佩。总之，成为一个妻子后，玛格丽特王后就完全将自己托付给了丈夫——她视丈夫的朋友为自己的朋友，极力维护丈夫的利益，并把自己毫无保留地奉献给了英格兰王后这个新角色。对于所有的年轻女士而言，对于那些因婚姻而进入全新的环境和人际圈子的女士而言，玛格丽特王后的做法都堪称典范。在这种情况下，试图从娘家引入任何形式的势力，在新的环境中对之加以扶持，意图分权，这种做法才是

第七章 英格兰的接待

最危险的。

于是,玛格丽特王后隐藏起自己的真实目的和原始性情,她举止落落大方,行事小心谨慎,待人彬彬有礼。看到这些表现后,贵族也好,平民也罢,英格兰的公共舆论开始倒向她。上文也提到过,开始议婚的时候,贵族和平民大都强烈反对玛格丽特王后,他们的反对倒不是对玛格丽特王后个人有什么成见,而是基于如下逻辑:一旦议婚,英格兰就必须跟法国议和;一旦和谈,英格兰就不得不做出让步;一旦让步,英格兰在欧洲大陆的力量就会减弱,甚至在欧洲势力的扩张也会遭遇严重阻碍。然而,当英格兰民众了解了新王后,他们都开始崇敬并爱戴她。

对于自己的新娘玛格丽特王后,亨利六世更是心醉神迷。如前所述,亨利六世思想稳重安静,性情和蔼温柔,为人虔诚,喜欢独处,热爱那些宁静雅致的娱乐消遣。而玛格丽特王后的性格则跟他恰恰相反,她不仅魅力四射,才智过人,而且勇气超群——在她统治初期,这种勇气就已经有所展现,都给亨利六世留下了深刻的印象,成功地唤醒了他对妻子的崇拜,而他的崇拜也使得玛格丽特王后的影响力迅速超越了他的个人影响力。

玛格丽特王后给民众留下的好印象对她百利而无一

害。民众普遍认为，跟其他英格兰王后相比，玛格丽特王后才是最实至名归的那个人。有人曾说，没有任何一位女性能够在美貌上超过玛格丽特王后，也很少有男性能在勇气和精力上胜过她。她似乎生来就是为了弥补丈夫亨利六世的缺憾，也似乎生来就是为了扶持丈夫，助他成为一个伟大的国王。

第八章

内维尔夫人的故事

精彩看点

阴谋——爱情故事——内维尔夫人——法国太子妃——夫人们的好奇——陌生人的沉默——她的历史——她不幸的婚姻——婚姻破裂——借口——婚姻废除——她获得自由——她的追求者——格洛斯特公爵汉弗莱——光辉前程——格洛斯特公爵汉弗莱宣布——内维尔夫人的困惑——格洛斯特公爵汉弗莱的不安——他的密探——发现——格洛斯特公爵汉弗莱的困惑——他的推理模式——决定——情人密会——泰晤士河边的小村——她的返回计划——格洛斯特公爵汉弗莱的错误——小船到达——袭击小船——船员被杀——救命声——沉船——格洛斯特公爵汉弗莱——内维尔夫人的逃跑——桥下——被救——上了大船——她的决心——受到太子妃接待——政治阴谋——内维尔夫人和玛格丽特——内维尔夫人的回归——神秘

在阅读关于英格兰王室早期的历史传记时，你会看到各种宫廷阴谋。有时候，这些阴谋还会跟国家大事纠缠不清。刚到英格兰不久，玛格丽特王后就发现自己也被卷入了许多类似的宫廷阴谋中。好在她聪明睿智，思维敏捷，心智过人，从而在各类部署决策中发挥了积极的作用。一位曾为玛格丽特王后立传的著名作家曾在其作品中鲜明地揭露了这些宫廷阴谋的本质，他认为，在从法国到英格兰的行程中，玛格丽特王后就已经开始参与这些阴谋了。这种解释看起来更像浪漫小说中的惊险情节，而非严肃的史实。虽然这是一种浪漫的解读，但也足以阐明一个道理，即伟人的个人情感和他的家庭争执会如何影响到——有时甚至还会完全控制——最重要的国家大事。因此，在追溯历史时，最好不要错失这层重要的联系。

玛格丽特王后首次跟内维尔夫人的事件发生联系是在阿布维尔，这是一个法国小镇，和加莱相隔不远。那时玛格丽特王后正在来英格兰完婚的途中，还没到海岸。在阿布维尔短暂停留时，突然出现了一个年轻漂亮的女士，请求拜见玛格丽特王后，她自称是法国太子妃身边的一位宫廷侍女官。而太子妃，即法王长子[①]的妻子刚去世不久。最终，玛格丽特王后召见了她，她们一起秘谈了两个小时。这次神秘的会面结束后，她以桑德斯小姐的名义被引荐给玛格丽特王后宫廷的其他女士。玛格丽特王后声称她原本是法国太子妃的宫廷侍女官，是一位英格兰女士，现在，她的女主人去世了，她希望能够跟随玛格丽特王后的迎亲团队回到英格兰。玛格丽特王后告诉其他女士，自己已经接纳这位桑德斯小姐进入自己的宫廷，指示大家务必要以最恭敬的方式跟她相处。

其他的女士们都非常好奇，希望能解开这个谜团，然而她们并没有套出任何有价值的线索。这位陌生的女士生性内敛，警惕意识很强，几乎从不跟自己的新同伴

[①] 法王的长子和王位的继承人为太子。他的位置和官阶相当于英格兰的威尔士亲王。——原注

第八章 内维尔夫人的故事

们混在一起。然而她的美貌中有一点儿特殊之处,即她的面容上常常流露出深深的、不尽的哀愁,这些都使得她成为王后宫廷里最令人感兴趣的对象,然而关于她的过去,没有人能探听出任何细节。

这位神秘女士的真名是安妮·内维尔,她是索尔兹伯里伯爵理查·内维尔的女儿。索尔兹伯里伯爵是一位英格兰贵族。内维尔夫人十五岁时,嫁给了家族的一个

安妮·内维尔的画像。W.H. 莫特绘

亲戚，但事实证明这段婚姻并不幸福，她丈夫疑心很重，从她后来的行为中我们也能看出来，丈夫对她的猜忌似乎也有充分的理由。无论如何，那个人极端善妒，脾气暴躁，经常强迫、恐吓她，还恶语谩骂她，这一切都令这位年轻女士的生活一片凄惨。

面对丈夫的虐待，她的精神受到了严重的摧残，健康也大不如从前。不久，父亲注意到女儿越来越瘦弱，便开始探究原因。不久之后，他就明白女儿正在过着一种什么样的生活。像那个时代许多的大贵族一样，这位父亲性格暴烈，他认为即便丈夫不应负全责，至少也是罪魁祸首，因此他决定将女儿从她丈夫的魔掌下解救出来。

她父亲确定——或假装确定——这桩婚姻有不合乎程序的地方。自己的女儿跟她的丈夫是远房亲戚，在这种情况下，他们的婚姻要想合法，就必须获得教会的特别豁免。现在，他声称女儿结婚时并没有采取这些必要的步骤，因此，他立即提起诉讼，申请婚姻无效。我们现在已经无法得知这些理由是否足够支持这个诉讼请求，他是否借助于自己的身份向法庭施加影响，使得审判顺利通过，但无论如何，他达到了自己的目的。他女儿的婚姻被宣布无效，女儿也回到了家里。为了尽可能消除这桩不幸婚姻留下的痕迹，她弃用丈夫的姓氏，重

第八章 内维尔夫人的故事

新恢复自己原本的姓氏。

不久之后,她重新出现在宫廷上,并引起了广泛关注。鉴于她的特殊情况,一方面,她既可以享受离婚后的所有特权,另一方面,她又不乏可爱少女的吸引力和魅力。这样一来,几乎人人都想俘获她的芳心。

萨默塞特公爵是她众多的爱慕者之一。萨默塞特公爵不仅地位崇高,而且颇具风度和教养,只是他已经结婚了,所以他根本无法正大光明地展开追求。但已婚这个事实根本无法阻止萨默塞特公爵对爱情的追求,他很快就在内维尔夫人的心中占据了重要位置。之后,他们就千方百计地私下约会,寻找各种借口瞒过周围人的耳目,采取各种手段维持这种罪恶的关系。

这时,格洛斯特公爵汉弗莱的妻子去世了。年事已高的格洛斯特公爵汉弗莱立刻就做好了盘算,打算再娶内维尔夫人为他续弦。虽然他觉得稍微缓上一段时日再向内维尔夫人本人提及此事更为适宜,但他还是先跟内维尔夫人的父亲索尔兹伯里伯爵谈及了这个打算。索尔兹伯里伯爵欣然同意了这个请求。那时,格洛斯特公爵汉弗莱是英格兰的首相,任何一位女士一旦成为他夫人,都将享受至高的荣耀。同时,尽管索尔兹伯里伯爵自己的地位和影响力也非比寻常,但很明显,他整个家族的地位都会因这次联姻而大大提升。

虽然格洛斯特公爵汉弗莱和内维尔夫人的父亲索尔兹伯里伯爵基本达成了联姻意向,但这一切都在秘密进行,他们不仅对外守口如瓶,对内维尔夫人本人也秘而不宣。他们这么做是为了等待恰当的时机,那时,惨遭失偶之痛的鳏夫也足以从悲痛中恢复自己的身心了。

最终,丧事办完后,格洛斯特公爵汉弗莱就公布了自己的打算。获悉此事后,内维尔夫人一直都在考虑自己跟萨默塞特公爵谈及此事后他的反应——她第一时间跟萨默塞特公爵沟通了这件事。

在相互协商并决定如何处理这种紧急状况时,这对恋人相当痛苦和困扰:他们无法忍受彼此分开的痛苦;而鉴于萨默塞特公爵的已婚身份,他们又不能公开结婚;可是为了继续享受这种放纵的、罪恶的激情,而让内维尔夫人终生保持独身的做法也不是个好主意。与此同时,他们也明白,对他们双方来说,他们这种关系都不可能持久,意外随时都会发生,他们这种关系也随时会受到惊扰或中断。因此,两人都觉得内维尔夫人应当接受格洛斯特公爵汉弗莱的求婚,做他的妻子。但同时,在内维尔夫人正式完婚之前,两人要加倍亲密,同时还要遮人耳目。格洛斯特公爵汉弗莱求婚成功之后,宫廷

第八章 内维尔夫人的故事

上下都知道内维尔夫人是他的未婚妻。

在此之前,在极为有限的几次宫廷聚会上,内维尔夫人见到格洛斯特公爵汉弗莱时,她的态度都相当节制,不过现在,格洛斯特公爵汉弗莱认为,既然内维尔夫人已经接受了他的求婚,那么她对自己的态度应该会亲密一点吧,毕竟这也没有什么不合乎情理的。然而一切并没有什么改变,格洛斯特公爵汉弗莱发现,内维尔夫人待他还是一如既往地疏而有礼。此外,他好几次去拜访内维尔夫人时,她都不在家,着实有悖常理。虽然佣人会托词说内维尔夫人去了哪里哪里,但他当真去了那个佣人所说的地方时,他却很少发现内维尔夫人的踪影。他开始觉得此事大有蹊跷,于是决定一探究竟。

格洛斯特公爵汉弗莱雇了一些可靠的人,命他们监视内维尔夫人,并查明内维尔夫人平时都去了哪里,以及她是怎样度过那些时间的。虽然那些人监视了好多天,但他们却毫无发现。他们汇报说自己无法追踪到内维尔夫人的行踪。尽管他们竭尽全力,但内维尔夫人总能设法躲开他们的监视,每天都会有几个小时完全不见踪影,但他们的监视已经足以说明内维尔夫人有问题。内维尔夫人和萨默塞特公爵遮掩行踪的高明手段可见一斑。

有一段时间,格洛斯特公爵汉弗莱相当困扰,他实在不知道他究竟是该跟内维尔夫人公开争执，然后拒绝完婚，还是应该消除自己的疑虑，娶她为妻。最后，他对内维尔夫人的爱占了上风，因此，他决定按计划，继续推进婚事。他安慰自己说，一时也找不到明确的证据，更何况，即使这些神秘的表象背后掩盖了某些风流韵事，一旦嫁给他，她也许就会变得忠贞不二了。而且他还认为，既然她最终诚心诚意地做出了选择，决定跟自己选择的那个人共度一生，那么给她足够的空间，让她处理好旧日余情也是极其必要的，特别是像他们这样的婚姻状况：妻子是这样一位如此年轻、可爱，又才貌双全的女士，而她的丈夫，为赢得她的欢心，能给予她的只有富可敌国的财富和举足轻重的地位，而非与之般配的年少英俊和个人魅力。基于此，他决定按照既定的计划完婚。

婚期将近，萨默塞特公爵和内维尔夫人的欢娱也日渐接近尾声，他们决定在婚礼的前一天再见最后一面。为了安全起见，他们安排好在一个小村庄共度一天，这个小村庄坐落在泰晤士河畔，离伦敦不远。

这一天，内维尔夫人离开了自己的家，前往约会地点。格洛斯特公爵汉弗莱的密探们则紧随其后。萨默塞特公爵和内维尔夫人二人在那个村庄里见了面，尽管萨

第八章 内维尔夫人的故事

默塞特公爵伪装得极为成功，密探们并没有认出他是谁，但从他对内维尔夫人的举动上，他们确定他就是内维尔夫人的情夫。于是，密探们立刻将这件事汇报给伦敦的格洛斯特公爵汉弗莱。

听到消息后，格洛斯特公爵汉弗莱勃然大怒。他发誓，无论内维尔夫人的情夫是谁，他都要对他们二人展开残忍的报复。于是，他立刻召集人马，亲自率队，在一个密探的带领下，朝萨默塞特公爵和内维尔夫人约会的那个小村庄疾驰。他赶到那里时，天已经黑了。他召来一些农民问话，那些人告诉他，一位符合他描述的夫人早已乘船离开，返回伦敦了。格洛斯特公爵汉弗莱立即返程，全速赶回伦敦，希望能在内维尔夫人和她情夫的船只到达码头之前，赶到靠岸之处，并在这两个人上岸的那一刻，杀死他们。

然而，格洛斯特公爵汉弗莱犯了一个致命的错误——他以为内维尔夫人的情夫会跟她在一起。但实际上，为安全起见，萨默塞特公爵采取了额外的预防措施。那条船是往返于村庄和伦敦之间的定期班轮，人多眼杂，萨默塞特公爵决定分开行动，让内维尔夫人跟其他乘客一道乘船回去，自己则从陆路返回伦敦。此外，萨默塞特公爵还安排了可靠的人，在距离渡口不远的地方等着内维尔夫人。等内维尔夫人抵达渡口后，这个人会接她下船，并送她回家。

渡轮还未靠岸，格洛斯特公爵汉弗莱就已经带人来到了渡口。但问题在于，四周一片漆黑，他根本不可能在黑暗中找到自己想要找到的人，特别是这两人还都经过了种种伪装——这一点他深信不疑。于是，为了确保自己的复仇万无一失，格洛斯特公爵汉弗莱决心杀死渡轮上的每一个人。

根据计划，船刚一到岸，格洛斯特公爵汉弗莱就和他的随从们一起冲上了船，随之而来的便是一幕地狱般的场景：惊慌、恐惧、呼号、奔逃。格洛斯特公爵汉弗莱直接冲向某位女士。根据他在黑暗中能够辨识出来的模糊特征，从这位女士的身形、气质、举止和着装风格各方面判断，他估计她很有可能就是内维尔夫人。他直接把手中的匕首插入了那位女士的胸口，而那位女士则在极度痛苦中跳下了河。但她并未沉入河底，由于身着宽大的衣裙，她得以漂浮在水面上，顺流而下。

与此同时，格洛斯特公爵汉弗莱的随从们也在杀人。最终，他们杀掉了那艘船上的所有乘客和船夫，并将他们的尸体扔进河里。抛尸之前，为了能让尸体沉入水底，他们还在尸体上绑上了石头。

第八章 内维尔夫人的故事

渡口附近的房子里的人，还有河岸上的人，的确有人听到了惨叫声，他们或者从枕上将头抬起片刻，或暂时停下自己行进的脚步，在寂静的街道上侧耳倾听。但不久之后，这些惨叫声就被压下去了，因为屠杀是在顷刻间完成的。而且在那个时代的伦敦大街上，特别是在接近河边的穷街小巷，这种惨叫声实在太常见了，根本不会引来过多的关注。

将尸体抛入河底后，格洛斯特公爵汉弗莱便命人把血迹斑斑的船划至河中央，将之凿沉。这是掩盖犯罪证据最简单和最快捷的方式。

讲述这个故事的作家评论说，格洛斯特公爵汉弗莱毁尸灭迹、掩盖自己罪证的原因并不是担心惩罚，因为在那个年代，法律完全无力惩罚像格洛斯特公爵汉弗莱这种身份高贵的人。他这么做，仅仅是考虑到此事一旦公开，如果人们知道他为了发泄私愤而宁可错杀一千，也不漏杀一个，他的声望就会受损！

这时，内维尔夫人——被格洛斯特公爵汉弗莱刺伤并跳入河中的的确是她本人——被衣裙支撑着顺流而下。她的衣裙是根据那个时代流行的样式设计的，可以在水中产生极大的浮力。借助扩张裙子的那些圈环和又大又轻的衣襟，加之袖子遇水膨胀，她才得以生还。

内维尔夫人就以这种方式在河中漂浮而下,被急流带着穿过了伦敦桥下的一个拱门。从桥下冒出水面后,她来到了河面上的一个地方,各种顺流而下的船只都在这里停泊过夜。

恰逢一艘将要驶往诺曼底的大船停泊在此,船长上岸去了,现在正乘坐着小船,准备回到自己的大船上。当时,船长正借助着手里灯笼的光芒四下张望,仔细辨认着回到自己船舰的路,突然,他注意到不远处有什么东西漂浮在水面上,而且那东西看起来像是件女性的衣裙。他敦促手下朝那个方向划动,到达那个地方后,他费了好大的力气才将失去意识的内维尔夫人救到自己的小船上,然后又转到自己的大船上。

船主竭尽全力抢救溺水的内维尔夫人。终于,内维尔夫人恢复了意识,她四处张望,看起来既兴奋又恐惧。华丽的服饰和高雅的气质都向船长表明她绝不是一个普通人,但内维尔夫人理智尚存,并没有透露任何跟自己身份有关的信息。经过检查,他们发现内维尔夫人胸口上的刀伤并不严重,她衣裙上的一些填充物使得匕首滑到了一边,从而有效保护了她。危险解除后,内维尔夫人镇定下来,开始询问自己在哪里,身边的人是谁。发现救助自己的船要前往诺曼底时,她便决定逃离英格兰,

17世纪的伦敦桥

因此，她用了一些手段，蛊惑船长在船只扬帆出海之前替她保守秘密，并恳请船长带她驶出泰晤士河，穿越英吉利海峡。

顺利抵达法国后，内维尔夫人立刻前去太子妃的宫廷。太子妃是英格兰公主，自然非常同情她的遭遇，并友善地接待了她。正如我们看到的那样，直到太子妃不幸故去，内维尔夫人都以桑德斯小姐的名义待在那里。太子妃去世后，内维尔夫人失去了自己在法国的倚靠，庆幸的是，玛格丽特王后的大婚似乎又给她带来了新的希望，给她带来了回到英格兰的可能性。

内维尔夫人深知，只要格洛斯特公爵汉弗莱还在人世，只要他还保有他的权力，她就无法安然回到英格兰宫廷。但在她看来，玛格丽特王后到达英格兰极有可能是格洛斯特公爵汉弗莱垮台的前兆。

内维尔夫人对自己说："玛格丽特王后一定很恨格洛斯特公爵汉弗莱，几乎跟我一样恨他，因为他从一开始就反对玛格丽特王后的婚姻，还不遗余力地阻止这桩婚事。除非将他从权力的高位拉下马，同时扶助自己的朋友取而代之，否则玛格丽特王后永远不会满意。如果她能保护我并允许我同她一起回到英格兰的话，我就可以帮助她达成这个心愿。"

繁忙的泰晤士河。乔瓦尼·安东尼奥·卡纳尔(1697—1768)绘

就这样,内维尔夫人来到了阿布维尔,打算在玛格丽特王后乘船出海之前求见她。两人长时间的秘密会面中,内维尔夫人向玛格丽特王后讲述了自己跟萨默塞特公爵和格洛斯特公爵汉弗莱之间的纠葛,以及自己如何奇迹般地从格洛斯特公爵汉弗莱的手中死里逃生的经历。现在她打算复仇,如果玛格丽特王后愿意接纳她,并带她回英格兰,她将跟她的情人萨默塞特公爵一道采取措施;如果玛格丽特王后真的打算让格洛斯特公爵汉弗莱彻底垮台,他们的帮助将对王后的计划大有裨益。

玛格丽特王后兴高采烈地同意了这个请求,带着内维尔夫人一道来到了英格兰。虽然玛格丽特王后很关心,也很尊重内维尔夫人,但内维尔夫人并未因此放松警惕,她对王后宫廷里的其他夫人依然很疏远,严格保持着自己离群索居的状态,特别是当王后一行人来到英格兰后。对自己这种表现,她借口自己还沉浸在对自己的朋友及恩人——法国太子妃深切的怀念之中。当然,宫廷中的其他女士对这个解释并不满意,她们有充分的理由相信表象之下一定有更多的秘密。特别是当王后的团队到达英格兰后,内维尔夫人似乎加倍小心,竭力避免跟格洛斯特公爵汉弗莱碰面。虽然她们费尽功夫试图解开这个谜团,但都一无所获。

第九章

密谋

精彩看点

最重要的东西——格洛斯特公爵汉弗莱的威胁——享誉全欧洲榜样——亲自掌权的雄主——愧对列祖列宗——遗祸后世子孙——另一个潜在的威胁——王室支脉的王位继承权——约克公爵理查·金雀花继承权的来源——警惕竞争者——不可信的亲属——改朝换代的可能性——可信的妻子——不够果断的亨利六世——亨利六世的担忧——尽职尽责的格洛斯特公爵汉弗莱——玛格丽特王后看到胜利的希望——玛格丽特王后做的另一件事——反对格洛斯特公爵汉弗莱的联盟——求见索尔兹伯里伯爵——萨默塞特公爵的话——萨默塞特公爵告辞——玛格丽特王后继续努力——玛格丽特王后的势力

在宫廷中，最重要的东西是权力，与它相比，感情几乎不值一提。因此，当玛格丽特王后抵达英格兰后，她所要面对的是公众事务和个人阴谋相互交织的英格兰宫廷。不过，凭借着自身优良的品质和有利的地位，在英格兰宫廷中，玛格丽特王后游刃有余：她不仅能够处理好英格兰王国内复杂的人际关系，还善于利用周围那些人的爱恨情仇去实现自己的目的。

虽然她年纪尚轻，但她的心智之成熟、做事之老练，令很多同龄人望尘莫及。虽然她美如冠玉，仪态万千，极富女性魅力，不过，在英格兰的宫廷中，她的表现却更像一位铁骨男儿。处理事情时，她无所畏惧、勇气非凡、精力充沛，英格兰宫廷的人几乎很难相信他们的王后是一位弱女子。

其实，当时的英格兰人都以为内维尔夫人已经不幸罹难了。在格洛斯特公爵汉弗莱看来，他已经杀掉了船上的所有人，还毁掉了整条船，内维尔夫人不可能幸存。而对于萨默塞特公爵来说，他派去接应内维尔夫人并送她回家的人并没有在约定的时间内等到她。第二天，通过私下询问，萨默塞特公爵得知，当天晚上，内维尔夫人的确乘坐了那艘失事的船，可是直到现在，他都没有得到她回到伦敦的消息。最终，萨默塞特公爵悲痛地想到，内维尔夫人可能真的与船上的其他人一起死于这场事故中了。至于内维尔夫人的父亲索尔兹伯里伯爵，在将船上的人屠杀殆尽后，格洛斯特公爵汉弗莱就去找到了他，向他和盘托出了自己所做的一切。格洛斯特公爵汉弗莱声称他发现内维尔夫人卷入了一场罪孽深重的阴谋中，如果这个阴谋公之于众的话，那么，不仅内维尔夫人会因此而难以见人，就连索尔兹伯里伯爵整个家族都会因此而蒙羞。严酷无情的索尔兹伯里伯爵认为格洛斯特公爵汉弗莱的处置完全正确，因此，他们约定对外保守秘密，并散布消息说，由于某种自然原因，内维尔夫人不幸辞世了。

这就是玛格丽特王后和内维尔夫人抵达伦敦时的情形。刚刚成为英格兰王后，玛格丽特便开始盘算着怎么

第九章 密谋

扳倒格洛斯特公爵汉弗莱。她首先要做的便是把丈夫亨利六世从死气沉沉的倦怠中唤醒,给他注入独立的思想,唤起他建功立业的野心。

抵达伦敦、与亨利六世成亲后,玛格丽特王后经常对她的丈夫说:"你是强大的英格兰王国的国王,你的手中掌握着无穷的力量,能把英格兰变成整个欧洲最强大的国家。除了英格兰王国外,你还拥有诺曼,以及法国其他一些有价值的土地,这些领土共同组成了一个庞大王国的疆域。在统治这个王国时,你将会获得无上的荣耀,只要你肯将统治权牢牢掌握在自己手中,这一切

亨利六世与玛格丽特王后

都会实现的。"

接下来,她又向亨利六世分析了英格兰的时局,并告诉他说:"你把整个王国的大权交给王叔格洛斯特公爵汉弗莱,让其代为掌权的做法非常不妥。"之后,她又从各个方面分析利弊,极力敦促亨利六世立刻亲自掌权。最后,她还表示,在英格兰的历史上,有很多这样的例子,即受宠的权臣掌权时间过长,地位稳固到国王几乎无法撤换他的地步,最终,国王自己只能沦为傀儡。现在,格洛斯特公爵汉弗莱正在以同样的方式迅速扩大他的影响力,如果亨利六世继续无所作为,不奋发图强的话,那他就很难有机会夺回自己的权力,最终只能屈辱地作为傀儡活着。

不仅如此,玛格丽特还多次力劝亨利六世要以自己的父亲亨利五世和祖父亨利四世为榜样。这两位英格兰国王都是亲自掌权的雄主,在位期间,他们加强了君主权力,扩张了英格兰王国的领土,享誉全欧洲。作为这些才干卓绝的先祖的后代,如果他一生碌碌无为,不问国事,并把大权交给一个贪婪的亲属的话,那他还有什么颜面去面对列祖列宗呢,他又对得起自己的后世子孙吗?

此外,她还提醒国王亨利六世注意另一个潜在的威胁,在英格兰,王室的支脉也有权继承王位,并且一旦得到

第九章 密谋

机会，这些王位的继承人一定会随时主张自己的权利。

正如玉牒所显示的那样，爱德华三世的次子莱昂纳尔唯一的直系后代是女性，因为她无法继承王位，所以英格兰王位的继承权落到了爱德华三世的三子冈特的约翰的后代上。之后，莱昂纳尔的曾外孙女安妮嫁给了爱德华三世的四子爱德蒙特的儿子理查，约克公爵理查·金雀花便是他们两人的后代。因为约克公爵理查·金雀花的身上既流着爱德华三世的次子莱昂纳尔的血，也流着爱德华三世的四子爱德蒙特的血，所以他自然也有权继承英格兰的王位。除他之外，亨利六世还有其他一些潜在的竞争者，因此，玛格丽特王后专门提醒丈夫，让他警惕这些人，因为他随时都会遭到这些王位竞争者的威胁。

最后，玛格丽特王后表示："很明显，在这种情况下，你不应该、更不可以把国家大权交到一个不属于自己核心家庭成员的亲属手中，无论格洛斯特公爵汉弗莱与你的关系多么亲密，无论他对你多么忠心，你都不应该过度依赖他。如果改朝换代能够带给他更多的利益的话，他很可能会把你赶下王位，而到那时，你基本没有任何反抗的余地。相对于亲属，你的妻儿才是最可靠的人，因为我们夫妻是紧密相连的，我们的利益也是一致的，因此，无论情况多么紧急，我都不会背叛你，我的丈夫。"

只要一有机会，玛格丽特王后就向丈夫亨利六世灌输这些理念。虽然妻子的话在亨利六世的脑海里留下了深刻的印象，但他不够果断，不敢真的按照妻子的建议行事。他说："现在，我没有理由剥夺王叔格洛斯特公爵汉弗莱的权力，因为他总是能够完美地履行自己的职责。此外，现在的我也缺乏治国理政的经验，仓促之间，缺少了王叔格洛斯特公爵汉弗莱的辅助的话，我可能会犯下大错，卷入麻烦之中。"

虽然如此，但玛格丽特王后还是看到了胜利的希望，从丈夫的这些话中，她清楚到感觉到，自己的话已经开始起作用，亨利六世已经不再完全信任格洛斯特公爵汉弗莱。

为了继续增强自己话语的说服力，玛格丽特王后开始注意说话的场合。接下来的一段时间里，每当格洛斯特公爵汉弗莱与亨利六世的意见相左时，每当格洛斯特公爵汉弗莱并没有按照亨利六世的命令行事时——大多数情况下，他们的冲突都和英格兰宫廷的人事任命有关，她都会再次向丈夫亨利六世灌输独掌大权的重要性。

此外，为了更进一步"挑拨"亨利六世和格洛斯特

玛格丽特王后与丈夫亨利六世。绘于 1445 年

公爵汉弗莱的关系,很多时候,玛格丽特也会故意制造一些矛盾。比如说,在英格兰宫廷的人事任命上,她会故意向丈夫亨利六世推荐一些她认为格洛斯特公爵汉弗莱一定会驳回的人选。接着,当格洛斯特公爵汉弗莱当真驳回了亨利六世的人事任命之后,她就会借机向亨利六世灌输自己的观点。

为了刺激亨利六世,玛格丽特王后曾经说过:"多么耻辱啊,作为强大的英格兰王国的国王,你却不能自由地安排自己宫廷的人,为了达到这一目的,你居然还要得到自己臣下的允许。本来,你是可以将这些权力握在自己手中任意施为的。"

然而亨利六世却答复说:"人非圣贤,孰能无过,我觉得我特别幸运,因为当我行走在犯错边缘的时候,王叔格洛斯特公爵汉弗莱总是能够及时插手,避免我犯下不可挽回的错误、造成难以估量的损失。"

对此,玛格丽特王后反驳说:"的确,谁都有可能犯错。但对国王来说,被臣下以这种方式来纠正错误的经历是耻辱的。你的臣民一定会格外关注此事的,他们会认为你软弱无能,会觉得你是一个没有能力自主行事的孩子。因为当你准备行使作为国王的权力时,王叔格洛斯特公爵汉弗莱却如此地限制约束你。对我来说,这

第九章 密谋

真是耻辱。"

接着,她又补充道:"除此之外,当你真正地执掌大权、独立决策时,你根本不必担心你所谓的错误,因为你的子民们总是倾向于认为一个国王的所作所为都是理所当然的正确,甚至于即使你的做法真的有错,他们也更愿意相信导致这些错误的是你的臣下,而不是身为国王的你。"最后,玛格丽特王后又向丈夫保证道:"如果你亲政的话,你必然会是一个明君,必然能够处理好英格兰王国的大事,必然能够得到英格兰人民的支持。"

除了持续不断地鼓励、激励甚至刺激亨利六世的雄心壮志外,玛格丽特王后还花费了大量时间处理英格兰王国内复杂的人际关系,判断英格兰贵族们的立场。最后,她私下里选择了一些反对格洛斯特公爵汉弗莱的人,秘密地组成了一个反对格洛斯特公爵汉弗莱的联盟。在这个联盟中,内维尔夫人曾经的情人萨默塞特公爵是最重要的成员之一。

来到英格兰后,玛格丽特王后就推测,鉴于萨默塞特公爵与格洛斯特公爵汉弗莱之间的宿怨,萨默塞特公爵应该特别痛恨格洛斯特公爵汉弗莱,因此,她打算利用内维尔夫人从中斡旋,从而将萨默塞特公爵纳入自己的阵营,与他一起推翻他的旧日仇敌。

为了控制事态的发展，玛格丽特王后跟内维尔夫人约定，在玛格丽特王后与萨默塞特公爵会面之前，内维尔夫人不得以任何方式私下接触萨默塞特公爵。而且，如果萨默塞特公爵想要获知任何关于内维尔夫人安危状况的话，他都要通过玛格丽特王后来了解情况。对于这个约定，内维尔夫人自然是欣然同意，她相信，相比于自己亲力施为，玛格丽特王后的安排会更加妥当。

读者们应该还记得，此前，与内维尔夫人交往期间，萨默塞特公爵处于已婚状态。不过，在内维尔夫人流亡法国期间，他的妻子已经故去，因此，现在他已经是个自由人了。玛格丽特王后和内维尔夫人的计划实际上也是对他的一个测试，如果他仍然爱着内维尔夫人的话，那么现在他便可以娶她为妻了。

实施计划的时候，玛格丽特王后做出了一系列的安排。首先，她先跟萨默塞特公爵进行了一次秘密的会面，在这次会面中，她告诉萨默塞特公爵说内维尔夫人仍然在世，她不仅安全无恙，而且就在左近，如果萨默塞特公爵还想再次见到内维尔夫人的话，她也有足够的能力让内维尔夫人重新回到他的身边。当然，玛格丽特王后这么做也是有条件的。

听到内维尔夫人仍然在世的消息时，萨默塞特公爵

第九章 密谋

简直喜出望外。起先,他并不相信这个消息的真实性,为了真正确认这个消息,确定失踪已久的内维尔夫人仍然安然无恙地生活在英格兰的某处,萨默塞特公爵迫不及待地想要再次见到她。萨默塞特公爵表示,只要玛格丽特王后能够让内维尔夫人再次回到他的身边,无论她提出的条件是什么,他都会无条件答应。

玛格丽特王后说出了自己的三个条件:

第一,现在这种情况下,萨默塞特公爵可以见一下内维尔夫人,确定她确实尚在人世,但他只有几分钟的时间,只有格洛斯特公爵汉弗莱彻底失势后,他们两人才能真正团聚。

第二,为了避免格洛斯特公爵汉弗莱的怀疑,也为了方便执行某些计划,萨默塞特公爵应该做出一副与玛格丽特王后矛盾重重的样子。当然,扳倒格洛斯特公爵汉弗莱后,玛格丽特王后会再次宠信萨默塞特公爵。

第三,萨默塞特公爵应该竭尽所能增强自己的势力,尽可能地召集更多的人反对格洛斯特公爵汉弗莱,直到这些力量强大到可以在议会里指控格洛斯特公爵汉弗莱的种种罪行,并要求议会对之进行审判为止。

萨默塞特公爵立刻就同意玛格丽特王后的条件,而玛格丽特王后也遵照约定安排他跟内维尔夫人见了面。

重逢之后，萨默塞特公爵立刻就沉浸在爱和欢乐的狂喜之中，他紧紧地把内维尔夫人拥入怀中。当时玛格丽特王后也在场，她饶有兴趣地见证了这对恋人重逢之后的喜悦。不过不久之后，玛格丽特王后就打断了这种喜悦，他提醒萨默塞特公爵注意时间，还把他们下一步即将采取的措施告诉了他。

玛格丽特王后说道："你要做的第一件事就是去求见索尔兹伯里伯爵，并请求他把内维尔夫人嫁给你，同时，你也要努力地将他吸纳到我们的联盟中来。"

沃里克伯爵是索尔兹伯里伯爵的儿子，内维尔夫人的哥哥。如前所述，他是著名的"造王者"——在两大王朝权力更迭之际，他发挥了巨大了作用，几乎可以决定王位的归属。目前，在英格兰的宫廷中，沃里克伯爵可谓权倾一时，因此，玛格丽特王后非常渴望将他争取到自己的阵营中来。

萨默塞特公爵欣然接受了这个任务，当然，他这么做，一方面是为了通知索尔兹伯里伯爵他的女儿安然无恙，并请求他将女儿嫁给自己，一方面也是为了想办法确认一下索尔兹伯里伯爵的立场，看看有没有希望将他吸纳进自己的阵营，让他与玛格丽特王后联手对付格洛斯特公爵汉弗莱。

第九章 密谋

最后,萨默塞特公爵设法跟索尔兹伯里伯爵见了面,并亲口告诉他说:"索尔兹伯里伯爵阁下,您的女儿已经去世的传言并不可靠。她不仅没有如您所预料的那样淹死在泰晤士河中,而且还逃到了法国,得到了法国太子妃的庇护,一直生活在那里。"另外,因为不愿意泄露内维尔夫人被迫逃亡的真实原因,所以萨默塞特公爵就跟索尔兹伯里伯爵解释说:"您的女儿之所以离乡背井,是因为她想逃避她与格洛斯特公爵汉弗莱的婚约——她极其厌恶这桩联姻。"最后,他又说:"现在,您的女儿内维尔夫人终于回到家乡了,受她所托,我请求您宽恕过去的一切,也请求您允许我娶她为妻。"

在萨默塞特公爵的计划中,他打算利用内维尔夫人依然在世的快乐消息和她即将达成的美好姻缘来唤起索尔兹伯里伯爵对女儿的爱意。达成这个目标后,他会想办法转换话题,谨慎地向他透露当时的真实状况以及格洛斯特公爵汉弗莱的残暴。

但索尔兹伯里伯爵并没有给他任何机会,一听到萨默塞特公爵提起他的女儿,索尔兹伯里伯爵便勃然大怒,他开始用最难听的话痛骂内维尔夫人,还表示自己有充分的证据证明她的无耻,他再也不想与这个无耻的女儿有任何联系了。最后,索尔兹伯里伯爵还表示自己已经将他这个无耻的女儿逐出了家门，剥夺了她的继承权，把她应继承的那部分财产转到了她哥哥沃里克伯爵的名下。

看出一切都没有希望之后，萨默塞特公爵立刻就告辞了。

虽然他们企图拉拢索尔兹伯里伯爵的计划失败了，但玛格丽特王后并不气馁，而是继续从其他方面努力，坚持不懈地完善自己的计划。苦心人、天不负，来到英格兰大约两年之后，她的势力已经强大到可以采取行动的地步了。

格洛斯特公爵汉弗莱倒台

精彩看点

玛格丽特王后认为时机成熟——玛格丽特王后邀请格洛斯特公爵汉弗莱——玛格丽特王后的安排——萨默塞特公爵的指控文件——尴尬的沉默——玛格丽特王后的做法——萨默塞特公爵的指控——格洛斯特公爵汉弗莱的辩解——杀害内维尔夫人的指控——玛格丽特王后高明的做法——玛格丽特王后的建议——内战的威胁——转移议会召开的地点——伯里圣埃德蒙兹——格洛斯特公爵汉弗莱突然被捕——格洛斯特公爵汉弗莱被送入伦敦塔——格洛斯特公爵汉弗莱突然去世——伦敦塔方面给出的解释——英格兰民众的怀疑——政府的表态——依然怀疑的英格兰民众——关于格洛斯特公爵汉弗莱之死的谣言——萨默塞特公爵去探望格洛斯特公爵汉弗莱——争执与肢体冲突——格洛斯特公爵汉弗莱之死——玛格丽特王后成功除掉强敌

终于，玛格丽特王后认为时机已经成熟，因此，有一天，正当亨利六世与玛格丽特王后一起在议事厅中处理一些公共事务时，玛格丽特王后找了个借口派人请来了格洛斯特公爵汉弗莱。

而当格洛斯特公爵汉弗莱来到议事厅时，根据预先的安排，萨默塞特公爵也出现在了议事厅门口。萨默塞特公爵出现时，显得十分激动、忧虑，请求亨利六世立刻召见他，声称自己有十万火急的要事需要面圣。亨利六世便允许他进入了议事厅。进入议事厅时，萨默塞特公爵手里拿着一份文件，而且他的面容、神态和举止都显示出了他深深的忧虑。然而，一看到格洛斯特公爵汉弗莱，他立刻做出一副非常惊讶、非常尴尬的样子，打算立刻退出去，表示自己不知道格洛斯特公爵汉弗莱也在这里，还以为议事厅只有国王陛下和王后呢。

但玛格丽特王后却不允许他告退，她大声命令道："萨默塞特公爵阁下，留下来吧，且让我们听听究竟是什么事务如此急迫。您大可以畅所欲言，这里除了我们和格洛斯特公爵汉弗莱之外也并没有其他外人在场，并且，王叔格洛斯特公爵汉弗莱是摄政大臣，有权知道任何国家大事。"

听完这番话，萨默塞特公爵停顿了片刻，又看了看格洛斯特公爵汉弗莱，故意做出了一幅犹豫不决、难以下定决心的样子。然后，他好像鼓起了很大的勇气似的，坚定地走上前去，向国王亨利六世呈上了他手里一直拿着的那份文件，同时，他以非常庄严的方式声称那里面包含着他对格洛斯特公爵汉弗莱最严重的指控。他还补充说，总体而言，尽管被指控的对象就在现场，但他并不后悔，而且，如果格洛斯特公爵汉弗莱有什么疑问的话，他也非常乐意现场答复。

格洛斯特公爵汉弗莱似乎惊呆了，国王亨利六世也非常惊讶。为了打破这令人尴尬的沉默，玛格丽特王后从国王亨利六世手中接过了那份文件，并打开文件开始阅读。她说道："让我们看看，这些指控到底是什么。"

文件中包含了无数条指控，其中最主要的一条与英

玛格丽特王后

格兰在欧洲大陆的领土相关——萨默塞特公爵指控格洛斯特公爵汉弗莱牺牲国家利益以换取个人利益。此外,文件中还包含了许多其他指控,它们主要涉及了格洛斯特公爵汉弗莱僭越国王亨利六世的专有特权、专横跋扈地公然践踏国家法律的各种行为。在文件的最后,萨默塞特公爵又特别指控了格洛斯特公爵汉弗莱杀害内维尔夫人的暴行。

玛格丽特王后一条一条地出声读出了文件中的指控,她每读完一条,格洛斯特公爵汉弗莱便反驳一条,他坚定地说这些指控都是子虚乌有的事情。可是,当他听到萨默塞特公爵指控自己杀害内维尔夫人时,他突然失神了。他既惊讶又困惑。不过随后,他立刻反驳说这纯属污蔑,自己完全是无辜的。最后,他又说道:"萨默塞特公爵对我的指控完全是卑鄙的恶意中伤。"

通读这份指控文件时,一旦格洛斯特公爵汉弗莱显露出想要说话的倾向,玛格丽特王后就会专门停下来,倾听格洛斯特公爵汉弗莱的辩解,之后,不发表任何评论意见的她会继续朗读下一条指控。这正是玛格丽特王后的高明之处,她始终做出一副客观公正的中立态度,以免亨利六世起疑。读完这份文件后,她就把它折叠起来放在一边,同时对国王亨利六世说:"如您所见,我

第十章 格洛斯特公爵汉弗莱倒台

的陛下,在这份文件中,萨默塞特公爵提出了一些极为严肃也极为严重的指控,而格洛斯特公爵汉弗莱又明确无误地宣称他是无辜的。首先,在没有任何清楚确凿证据的情况下,让格洛斯特公爵汉弗莱背负这些指控是极不公平的。但与此同时,不加以调查就将这些指控随意搁置的做法也是不恰当的,因为我们无法想象,萨默塞特公爵居然会在没有任何证据的情况下提出这些指控。"

萨默塞特公爵立即表示说:"尊敬的陛下和王后,我已经准备好了充分的证据,一旦陛下需要我提交这些证据的话,已经做好准备的我随时都可以提交其中一项或所有指控的证据。"

于是,玛格丽特王后再次打开文件,以漫不经心的方式再次浏览起所有的指控,最后,她将目光固定在了最后一条指控上——萨默塞特公爵说格洛斯特公爵汉弗莱杀害了内维尔夫人的指控。玛格丽特王后问道:"萨默塞特公爵阁下,您有什么证据证明格洛斯特公爵汉弗莱杀害了内维尔夫人呢?"

当格洛斯特公爵汉弗莱发现玛格丽特王后居然挑出了这么一条指控后,他不由得松了一口气。在这件事上,他已经采取了有效的预防措施来掩盖自己的罪行,因此,他自信萨默塞特公爵拿不出什么任何实质性的证据。他觉得，最坏的情况也不过是萨默塞特公爵提供了一些没有多少根据的模糊怀疑，面对这些怀疑，他自然可以轻松地为自己辩护。

萨默塞特公爵请求国王亨利六世和玛格丽特王后允许自己先行告退片刻，不久之后，他便带着内维尔夫人重新回到了议事厅。再次见到内维尔夫人时，格洛斯特公爵汉弗莱完全惊呆了。内维尔夫人走到了国王亨利六世面前，双膝跪倒，向他讲述了格洛斯特公爵汉弗莱是如何袭击了自己在泰晤士河上乘坐的渡船、亲手用匕首重创自己，又如何残忍地杀害了渡船上的所有乘客和船夫，以及自己又是如何以不可思议的方式奇迹般地逃出生天的整个过程。

面对这如山的铁证，格洛斯特公爵汉弗莱根本无法辩驳。不过，突然之间，玛格丽特王后插话了，她说："尊敬的陛下，现在看来，这个案情非常严重。既然如此，那么我们就不能以现在这种私下的和非正式的方式来处理，我建议您将它交至议会，由议会来决定应采取何种措施来判决此案。"国王亨利六世同意了玛格丽特王后的建议，之后，格洛斯特公爵汉弗莱和萨默塞特公爵都遵命告退了。

1447年，英格兰议会召开。可是，在议会上，议

第十章 格洛斯特公爵汉弗莱倒台

员们都不敢讨论格洛斯特公爵汉弗莱杀害内维尔夫人一事。当时,格洛斯特公爵汉弗莱权倾朝野,如果议会真的决定贸然逮捕他的话,那么英格兰可能会瞬间陷入内战之中。

最终,玛格丽特王后决定让议员们到伯里圣埃德蒙兹小镇召开议会。伯里圣埃德蒙兹小镇位于伦敦东北部,距伦敦约六十英里。相比于伦敦,在这里,格洛斯特公爵汉弗莱的势力要弱很多,如果他们真的决定逮捕他的话,在这里逮捕的风险要小很多。

伯里圣埃德蒙兹小镇一隅

在那里,第一天,议员们仅仅讨论了一些普通事务,可是,第二天,在没有任何征兆的情况下,一位官员率领着一支强大的武装力量突然闯入了议会大厅,直接逮捕了格洛斯特公爵汉弗莱。接着,在那支武装力量的押送下,格洛斯特公爵汉弗莱被送到了伦敦塔。

之后,就在人们等待着格洛斯特公爵汉弗莱的审判时,伦敦塔中突然传出了格洛斯特公爵汉弗莱不幸去世的消息。伦敦塔的人说,某天早晨,他们中的一位侍从前去给格洛斯特公爵汉弗莱送饭,可是,到达他的牢房后,那个人却发现他已经于睡梦中去世了。

不过,英格兰民众并不相信这个说法,他们认为格洛斯特公爵汉弗莱一定是非正常死亡的,要么是有人下毒害死了他,要么是有人通过其他暴力方式害死了他。

这时,政府官员站了出来,他们说格洛斯特公爵汉弗莱的确是自然死亡的。之后,为了取信大众,在格洛斯特公爵汉弗莱下葬之前,他们特意向公众展示了格洛斯特公爵汉弗莱的尸体:"你们看,格洛斯特公爵汉弗莱的遗体上并没有暴力留下来的任何痕迹。"

可是英格兰民众依然不满意,他们都说:"有很多种方法既可以致人于死地,又不会在尸体上留下任何痕迹。"因此,他们依然认为格洛斯特公爵汉弗莱是被他

16 世纪的伦敦塔

人害死的。

最后,英格兰国内开始流传这么一个谣言:某天,萨默塞特公爵专门去伦敦塔探望他的敌人格洛斯特公爵汉弗莱,想与他达成和解。可是,在这个过程中,萨默塞特公爵极其无礼,而格洛斯特公爵汉弗莱也依然高傲。后来,两人发生了争执,接着,争执演变成了肢体冲突。扭打的过程中,在侍从的帮助下,萨默塞特公爵掐死了格洛斯特公爵汉弗莱。之后,他们有意整理好格洛斯特公爵汉弗莱的四肢,合上他的眼睛,做出一副他正在睡觉的样子。最后,他们便若无其事地离开了。第二天,当伦敦塔的人去给格洛斯特公爵汉弗莱送饭时,他们才发现他已经停止了呼吸。

就这样,玛格丽特王后除掉了自己的一个劲敌。

萨福克侯爵之死

精彩看点

玛格丽特王后扩大权力——她的处境越来越艰难——英格兰民众的普遍不满——最具战略意义的地方——议婚协议——萨福克公爵的担忧——亨利六世的命令——割让领土——萨默塞特公爵前往诺曼——萨福克公爵的停战协议——他的愿望——愿望落空——厉兵秣马的法国——战略优势——开战的借口——一队英格兰士兵——法国的抗议——萨默塞特公爵的应对——狮子大开口——英格兰民众怒不可遏——愤怒的矛头——萨福克公爵在议会中的反击——糟糕的反击效果——铁证如山——萨福克公爵被捕——忙碌的两方人马——萨福克公爵必须离开英格兰——上议院开始审判萨福克公爵——下议院对萨福克公爵的指控——萨福克公爵的辩护——持续增加的舆论压力——萨福克公爵的最后希望——亨利六世的意思——他的流放令——愤怒的上议院和英格兰民众——军舰返航——断头台——萨福克公爵之死——尸体的处理方式

格洛斯特公爵汉弗莱离奇死亡后，玛格丽特王后立刻着手扩大自己的权力，可是，两年之后，她却悲哀地发现，她的处境变得越来越艰难了。

首先，格洛斯特公爵汉弗莱的暴毙引起了英格兰民众的普遍不满，最后，他们把不满的矛头指向了玛格丽特王后，他们认为，格洛斯特公爵汉弗莱是被人害死的，而玛格丽特王后便是幕后元凶。

他们说："虽然玛格丽特王后没有直接下达处死格洛斯特公爵汉弗莱的命令，但我们一致认为，她一定给出了某种暗示，然后，为了讨好她，萨默塞特公爵便害死了格洛斯特公爵汉弗莱。"的确，在当时那个时代，遇到这种情况，王室的人往往会采取这种方式除掉身份敏感的敌人。因为这些怀疑，玛格丽特王后渐渐地失去了英格兰的民心，许多憎恨她的人甚至开始以"那个法国女人"来称呼她。

与此同时，这一时期，法国的所作所为也增加了英格兰民众对玛格丽特王后的敌意。曼恩和安茹两省位于诺曼以南，在玛格丽特王后嫁入英格兰之前，这两个省份一直掌握在英格兰手里，是英格兰王国在欧洲大陆最具战略意义的领土。可是，根据之前的议婚协议，因为玛格丽特王后的父亲的强烈要求，当玛格丽特王后嫁给英王亨利六世时，英格兰不得不放弃这两个地方，将其割让给法国。

如前所述，在谈判时，主持谈判事宜的萨福克公爵并不想这么做，因为他深知，一旦获知这个消息，英格兰人的愤怒一定会淹灭他的。可是，因为亨利六世非常急切地想要迎娶玛格丽特王后，所以他命令萨福克公爵接受了对方的条件。就这样，曼恩和安茹两省被割让给了法国。

格洛斯特公爵汉弗莱倒台前，主管欧洲大陆领地的是约克公爵理查·金雀花。如前所述，约克公爵理查·金雀花也是英格兰王位的顺位继承人，因此，从自己的利益出发，玛格丽特王后既准备削弱他的势力，又准备给予其足够高的虚荣，以遏制他日益增长的野心。

当时的约克公爵为约克的理查。图为约克公爵的画像,绘于 1443 年

玛格丽特王后

格洛斯特公爵汉弗莱死后不久，萨默塞特公爵便发现自己成了众矢之的。预感到自身的危机后，他便请求玛格丽特王后允许自己暂时离开英格兰，到诺曼暂避风头。听到他的请求后，玛格丽特王后便更进一步地建议他去欧洲大陆接管大陆领地的管理事宜，取代现在的约克公爵理查·金雀花。最终，英王亨利六世也同意了此事，因此，约克公爵理查·金雀花被召回了英格兰，萨默塞特公爵开始接管英格兰在欧洲大陆的领地管理事宜。

如前所述，进行议婚谈判时，萨福克公爵还与法王达成了一项停战协议。当时，萨福克公爵希望英格兰和法国能够长期和平共处，但很明显，他的愿望就要落空了。亨利六世和玛格丽特王后的婚姻切实生效后，法王便厉兵秣马，准备将英格兰人赶出欧洲大陆。取得了曼恩和安茹两省后，法国已经取得了战略优势，可以从容地调兵包围诺曼。

万事俱备之后，法王只需要一个开战的借口了，不久之后，他真的找到了一个合适的借口。曼恩割让给法国后，该处的一队英格兰驻军需要撤离。本来，这支驻军应该穿过边境线，进入诺曼，与那里的英军主力汇合的。可是他们却擅自行动，进入了曼恩附近的法国省份布列塔尼，并在那里烧杀劫掠。当时，萨默塞特公爵已

第十一章 萨福克侯爵之死

经接管了诺曼，成为那里的总督。因此，法王便派使者找到了萨默塞特公爵，将那支英格兰驻军的强盗行径告诉了他，并就此提出了抗议。萨默塞特公爵承认了这些事实，并承诺说赔偿对方的损失。可是这时，法王却狮子大开口，提出的赔偿金数额非常大，大到萨默塞特公爵根本无力支付的地步。最后，双方不得不再次开战。

取得曼恩后，法国的优势非常明显，因此，再次开战之后，法军大举跨过了边境线，数战数捷，最终将萨默塞特公爵驱赶到了诺曼的首府鲁昂——一个古老而非凡的城镇——并将他围困在那里。经过短暂的围攻之后，萨默塞特公爵被迫放弃鲁昂，打开城门投降。为了重获自由，萨默塞特公爵还被迫放弃了除鲁昂之外的其他几个重要城堡和城镇。

如前所述，1449年的英法战争中，英军节节败退，最后，整个诺曼都落入了法军之手。那时，瑟堡是英军在诺曼的最后堡垒了，那里驻扎着一支强大的海军，城镇外围更是构筑有坚固的防御工事。可是，在法军的强攻下，最后，英格兰人还是被逐出了瑟堡。

诺曼失陷之后，英格兰民众怒不可遏，当时，他们愤怒的矛头直指萨福克公爵。首先，正是因为他签署了割让曼恩和安茹的协议，英军才处于劣势地位的；第二，

早期的瑟堡

第十一章 萨福克侯爵之死

格洛斯特公爵汉弗莱倒台后,萨福克公爵稳步高升,当时,他已经成为英格兰王国的首席大臣。根据英格兰王国的宪法和英格兰人的观念,首席大臣就应该为一切负责,更何况,在这个重大"灾难"中,他们这位首席大臣还负有不可推卸的责任。

一时之间,英格兰民众反对萨福克公爵的呼声甚嚣尘上,同时,由于萨福克公爵是玛格丽特王后一手提拔的人,所以,英格兰民众更是隐隐地开始针对玛格丽特王后。与此同时,英格兰民众还认为,欧洲大陆的惨败都源于国王亨利六世与玛格丽特王后这场不幸的婚姻。为了迎娶玛格丽特王后,英格兰付出了惨重的代价——先是把曼恩和安茹两地割让给了法国,接着,又因此而丢失了诺曼。

那时,英格兰仍然占据着法国西南部加伦河畔的大片领土,即著名的吉耶纳省。与现在一样,当时的吉耶纳省的首府波尔多便是一个重要的大城市了。波尔多坐落于加伦河畔,河水流至那里后,加伦河河道变宽,浩浩荡荡地汇入大海。因为法国和英格兰隔着英吉利海峡,所以,想要进攻英格兰,法国就必须乘船从海上登陆英格兰,而除了加莱港之外,加伦河畔的波尔多便是法国从海上进攻英格兰的最佳跳板。不过,那里的防御工事非常坚固，地势也是易守难攻，一方面，守卫那里的人可以利用坚固的城堡和塔楼抵御陆地上的攻击，一方面，他们又可以在开阔的水域上布防，利用厚实的城墙和猛烈的炮火抵御来自海上的进攻。

虽然萨福克公爵竭尽全力地派兵增援吉耶纳，然而那时，英格兰大势已去，一切都已经于事无补了。在法军的猛烈进攻下，英格兰的军队节节败退，丢失了一个又一个城镇和城堡，最后，波尔多也陷落了。至此，除了加莱外，英格兰失去了欧洲大陆上的全部领土。

波尔多陷落的消息传来后，英格兰民众的愤怒如同山崩海啸一般爆发了，而作为这一切灾难的负责人，萨福克公爵受到了广泛的谴责。为了讽刺他，英格兰民众创作了大量的讽刺作品和讽刺诗，当他偶尔出现在伦敦街头时，英格兰民众往往会立刻轰走他。所有这一切都预示着一场暴风雨正在酝酿之中。

1449年秋，英格兰召开了一次议会。开会时，萨福克公爵和往常一样出现在上议院。开会期间，他从座位上站了起来，向议员们抱怨说："现在，因为有心人的蛊惑，公众都在针对我，不断地谴责我，但我还是要说，我是完全无辜的，这一切都是我的政敌对我的攻讦，他们能拿出确凿的证据吗？"

波尔多位于法国西南部,加伦河下游。
图为早期的波尔多一隅,绘者信息不详

的确，在某些情况下，大胆、果断地回击可能会震慑敌人、取得成功，但是，这一次，萨福克公爵的回击却取得了相反的效果。当时，萨福克公爵的话音未落，他在下议院的政敌们立刻就站了出来反驳他，他们呼吁说："现在，我们希望政府立刻逮捕这个叛国贼，这个无恶不作的恶棍。你想要证据是吧，好，我们会立刻提交你有罪的铁证。"

上议院的贵族们答复说："除非证据确凿，否则的话，我们不能逮捕、监禁一位议员。"于是，下议院的议员们立刻拿出了一系列证据。铁证如山之下，上议院立刻逮捕了萨福克公爵，并将其送往伦敦塔监禁。

在萨福克公爵被捕后的两个月内，他的政敌们都在忙着准备弹劾他的书面议案，并忙着收集支持他们指控的各种证据。而与此同时，玛格丽特王后也在想方设法地营救萨福克公爵。据说，玛格丽特王后曾秘密前去牢房探望他，与他协商他们应该采取的营救计划。最后，他们一致确定，如果萨福克公爵真的想安然度过这场风暴的话，他就必须离开英格兰。

最后，1450年3月13日，萨福克公爵被传唤至上议院——上议院正式开始审议下议院对他的弹劾议案。针对萨福克公爵，下议院的议员们提出了大量的指控：

第十一章 萨福克侯爵之死

首先,他们指控他出于邪恶的目的而将曼恩和安茹两省拱手让给了英格兰最大的敌人——法国人,致使英格兰王国永远失去了这两处领土。接着,在后面的多条指控中,他们又指出了萨福克公爵在公务中的众多不法行为,比如说他僭越了国王陛下的多项特权,比如说他为了实现个人野心和满足个人私利而牺牲了国家的利益。

尽管萨福克公爵有权利要求进行贵族的正式审判,但他却没有这么做,反而以普通演讲的方式为自己辩护。这些程序又花费了几天的时间。萨福克公爵心里还存有一丝幻想,希望以这种方式阻止这场灭顶之灾。然而,四天后,也就是1450年3月17日,他发现针对他的舆论压力在持续增加,如果他要求公开审判的话,他将不会有任何无罪释放的机会。因此,他请求由国王亨利六世做出最终判决。他表示说:"我尽管是无辜的,但仍然愿意将自己的命运完全托付给国王陛下的圣裁。"

为了回应萨福克公爵的请求,国王亨利六世通过某位官员向上议院传达了自己的意思。亨利六世认为:"因为被告萨福克公爵并未要求进行贵族的正式审判,所以我也不会随意决定他是有罪还是无罪,但我认为,无论如何,萨福克公爵都应该暂时离开英格兰。"基于此,亨利六世签署了一项法令,决定放逐萨福克公爵。该法令命萨福克公爵必须在1450年5月1日之前离开英格兰,直到五年之后,他才能够再次踏上英格兰的国土。

可是接下来的发展却出乎所有人的预料。首先,上议院非常不满。他们认为,随着亨利六世的介入,事情完全脱离了他们的掌控。因此,他们对亨利六世的命令提出了正式的抗议。其次,英格兰民众也极为愤怒,宣称萨福克公爵根本不应该活着离开伦敦。在萨福克公爵将要离开伦敦塔、被移送到法国的那一天,两千多人聚集在街头,打算当场处死他。

不过,通过巧妙的安排,玛格丽特王后还是帮助萨福克公爵逃过了截杀——尽管他的仆从和追随者被扣押,但他本人还是成功逃了出去。逃出生天后,萨福克公爵立刻赶到了自己在乡下的城堡,匆忙做了些安排,接着,他便立刻出发赶往英伦岛东部的濒海小镇伊普斯维奇。为了送萨福克公爵离开英格兰,玛格丽特王后也事先做好了充分的准备——她命人为萨福克公爵准备好了船只。于是,一抵达伊普斯维奇小镇,萨福克公爵就立刻从那里乘船出海,准备前往法国。

萨福克公爵一到,那艘船便立即启航,转舵向南,朝多佛海峡驶去。可是,就在他们即将抵达加莱的时候,一艘名为"托尔的尼古拉斯"的军舰突然出现在他们的

第十一章 萨福克侯爵之死

视野当中。接着,他们看到,那艘军舰直接朝着萨福克公爵的座船开了过来。拦截下这艘船后,军舰的舰长派出了数位军官乘坐一只小船来到了萨福克公爵所在的船上,那些人说他们奉命对其进行彻底搜查。最后,他们终于发现了萨福克公爵,于是,他们命令他随他们前往军舰。

别无选择之下,萨福克公爵唯有服从。当他踏上军舰的甲板时,军舰的舰长立刻出来"迎接"他,舰长说道:"很高兴见到你,英格兰的叛徒!"听到这样一句毫不掩饰敌意的寒暄后,萨福克公爵清楚地意识到了等待他的将会是什么样的命运。

抓到萨福克公爵后,军舰立刻朝着英格兰海岸驶去,并开始向岸上的其他同伴发送信号。在海上行驶了两天后,第三天时,一艘小船从岸边出发,来到了军舰上。这艘船上有一个完整的断头台:一个平台,一块砧木,一把斧头和一个刽子手。接着,萨福克公爵便被押上了小船,押送到了断头台前。最后,当他的脑袋被放置在砧木上后,刽子手立刻就开始着手完成自己的任务——砍掉萨福克公爵的脑袋。然而,或许是船身摇摆不定,也或许是刽子手行刑时使用的斧头不够锋利,又或许是刽子手的手法不够熟练,总之,在重复了五六次之后,他才完成了这个血腥的任务。

　　砍掉萨福克公爵的头颅后，小船便回到了岸边。船上的人把他的尸体扔在了海滩上，便头也不回地离开了。得知萨福克公爵最终还是被杀的消息后，他的一些支持者来到了海滩上，寻找到了他的尸体，将之妥善安葬。

第十二章

王太子的降生

精彩看点

排山倒海而来的麻烦——玛格丽特王后诞下一位王子——雪上加霜的处境——奇怪的事情——约克公爵理查·金雀花的家族——内战未爆发的原因——且耐心等待一段时间——最流行的公众情绪——不可避免的担忧——两大派系——贵族们的站队——掌握武装力量的贵族——始终处于焦虑状态的夫妻——约克公爵理查·金雀花突然离开爱尔兰——率军逼近伦敦——英格兰人民的担忧——约克公爵理查·金雀花的说法——白玫瑰与红玫瑰——圣殿教堂花园——亨利六世的文化——约克公爵理查·金雀花的回答与要求——犹豫不决的亨利六世——萨默塞特公爵被捕——约克公爵理查·金雀花解散军队——单独会谈——奇特的结束方式——玛格丽特王后秘密释放萨默塞特公爵——萨默塞特公爵藏在国王御帐之中——亨利六世的考虑——释放的条件——约克公爵理查·金雀花宣誓——退隐乡下——两大派系的变化——约克公爵理查·金雀花的决心——矛盾激化——山雨欲来风满楼——圣爱德华日——威尔士亲王爱德华

萨福克公爵死后，那些令人焦虑的困扰和麻烦排山倒海般地包围了玛格丽特王后，这些麻烦不仅使英格兰动荡不安，也煎熬着玛格丽特王后的心神。

1453年时，亨利六世和玛格丽特王后已经结婚八年了。这一年玛格丽特王后终于生下了一个儿子。本来，这应该是一个非常令人高兴的事情，但事实却是，生下孩子后，玛格丽特王后的处境犹如雪上加霜一般，变得更加糟糕了。

为什么生下孩子后，玛格丽特王后的境况却更加糟糕了呢？原因如下：

如前所述，约克公爵理查·金雀花的家族是英格兰王室的分支之一。同时约克公爵理查·金雀花宣称自己是英格兰王位的合法继承人。虽然亨利六世已经继承了王位，但只要亨利六世没有子嗣，那么他驾崩之后，能够继承英格兰王位的便是约克公爵理查·金雀花了。不过，约克公爵理查·金雀花认为，当前状况下，耐心等待对他更有利，于是，他暂时隐忍起来，不再公开主张自己的王位继承权。为了让约克公爵理查·金雀花安于现状，玛格丽特王后对他更是关怀备至，给予了他更高的荣耀和地位。但与此同时，她也在小心地提防着他，从不授予他任何实质性的权力，避免他有足够的实力谋权篡位。基于这些考虑，玛格丽特王后曾建议亨利六世命约克公爵理查·金雀花前往欧洲大陆出任总督，后来，为了让萨默塞特公爵取代他，她又建议亨利六世将他召回，派他镇守爱尔兰。

萨福克公爵死后，萨默塞特公爵也从法国回到了英格兰。事实上，萨福克公爵被送上断头台之时，正是他返程之际。那个时候，英格兰在欧洲大陆的领土几乎损失殆尽。

一回到宫廷，萨默塞特公爵就被玛格丽特王后委以重任，不久之后，在她的建议下，亨利六世任命萨默塞特公爵为王室首席内阁大臣。对此，英格兰民众并不满意，不久之后，他们就开始显露出各种不满的迹象。如果不是国王亨利六世的身体非常羸弱的话，英格兰国内

第十二章 王太子的降生

很有可能早就爆发公开的叛乱了。不过,既然国王亨利六世极有可能无嗣而崩,那么,在这种情况下,英格兰民众自然愿意等待,等着王位和平地传承至约克公爵理查·金雀花以及自己的继承人身上。

他们表示:"且让我们再耐心地等待一段时间吧,一旦亨利六世驾崩,约克公爵理查·金雀花继位,一切都会没问题的。试图通过武力更迭王朝的办法并不明智,因为它有可能使国家陷入恐怖的内战,与它相比,前一种方式会更好一些。"

尽管这是目前最流行的公众情绪,尽管人们都希望竭力避免内战,然而,任何方式都无法保护大众免受不必要的焦虑和恐惧的侵袭——他们都担心战争的爆发。可是与此同时,英格兰民众根本无法阻止有心人策划任何阴谋——任何可能最终不可避免地引发战争的阴谋。最后,英格兰国内出现了两大派系:一派支持约克公爵理查·金雀花和他的家族,另外一派则支持兰开斯特家族。自然,约克公爵理查·金雀花是其中一方的首领,而亨利六世和玛格丽特王后的心腹顾问和内阁大臣萨默塞特公爵则是另外一方最突出的代表,双方都觉得对方是不共戴天的仇敌。

在这场争端中,英格兰的贵族们纷纷选择立场:有些人是公开表态，有些人则是秘密站队。那个时候，贵族们常常会从一个城堡换防到另一个城堡，或者有时待在伦敦，有时又被调防到外地；那个时候，人们总是或多或少地畏惧那些掌握武装力量的贵族；那个时候，没有人能够明确地判断出国王亨利六世、玛格丽特王后和约克公爵理查·金雀花究竟在进行着什么样的阴谋，或者战争究竟会于何时爆发。

因为英格兰王国内的这种状态，国王亨利六世和玛格丽特王后始终处于焦虑之中；玛格丽特王后发现，在这种无法掌控的困境中，她越陷越深；可怜的亨利六世呢，更是经常被这些烦恼和困扰侵袭，最终身心俱疲。

后来，在未经政府许可的情况下，约克公爵理查·金雀花突然离开了爱尔兰，返回了英格兰。来到英格兰之后，他立刻召集起了一支武装力量，率领他们穿过国土，朝伦敦进发。当时，英格兰政府和英格兰民众非常担心，担心内战会突然爆发。可是，约克公爵理查·金雀花却声称自己这么做仅仅是为了清君侧，而且他仍然宣布说他依然承认并效忠于兰开斯特家族的代表、现在的英王亨利六世。然而，谁也不能确定他的话是否仅仅只是一个借口，他是否会在任何方便的时刻撕下这张面具，公开发动叛乱。

第十二章 王太子的降生

正如我们此前提到过的那样，大约就在此时，约克家族和兰开斯特家族分别选择了红玫瑰和白玫瑰作为家族徽章。据说这其中的故事是这样的：某次，一些贵族和某些宫廷人士在布局精美的圣殿教堂花园里散步。那座花园位于伦敦近郊，在泰晤士河畔的一片开阔空地上。那时，萨默塞特公爵和沃里克伯爵——互相敌对的两大派系的代表人物之一——突然相遇了。之后，他们分别挑选了一朵白玫瑰和一朵红玫瑰，同时，他们也建议在场诸人根据自己的感受和意见摘下不同颜色的玫瑰花。

15世纪的英格兰爆发了玫瑰的战争。第三代约克公爵理查·金雀花和他的追随者选择白玫瑰，萨默赛特公爵选择了红玫瑰

从那时起,这两种颜色的玫瑰就成了约克家族和兰开斯特家族的象征——它们分别成为这两大家族徽章上的图案。后来,为了给各自派系的士兵佩戴上相应颜色的玫瑰花,他们不得不大量制造红玫瑰或者白玫瑰。

还是继续说约克公爵理查·金雀花吧。发现约克公爵理查·金雀花正率军朝着伦敦逼近后,萨默塞特公爵也敦促国王亨利六世组建军队,出兵迎敌,并请求全权负责一切事务。国王亨利六世同意了他的请求,玛格丽特王后更是亲自随军出战。

经过一段时间的行军之后,两军在伦敦东南部的肯特郡扎营对垒。亨利六世是一个极度爱好和平的人,他非常厌恶流血和战争,因此,他并没有命大军主动攻击约克公爵理查·金雀花,而是派出了使者前去询问约克

约克家族的徽章——白玫瑰和兰开斯特家族的徽章——红玫瑰

第十二章 王太子的降生

公爵理查·金雀花，希望获悉他组建军队的意图和进入英格兰的目的。

约克公爵理查·金雀花答复说他这么做只是为了清君侧，清除英格兰的叛徒萨默塞特公爵，根本无意针对国王陛下。他说如果国王亨利六世能够下令逮捕萨默塞特公爵，并对后者进行审判的话，他就会立刻解散麾下的军队。

得知这个条件后，亨利六世犹豫不决，最后，在一些顾问的建议下，他终于决定遵照约克公爵理查·金雀花的要求逮捕萨默塞特公爵。下令逮捕萨默塞特公爵后，亨利六世立刻派人通知约克公爵理查·金雀花，敦促他解散军队，约克公爵理查·金雀花也立刻照做了，或者说至少命令军队开拔离开了。军队离开后，约克公爵理查·金雀花还与国王亨利六世约定了会面时间，那时，他还说届时他将独自前去国王陛下的帐篷，不会带任何随从，他又说他这么做完全是为了跟国王陛下协商双方永久和解的条款和条件。

然而，这次会面以一种极为奇特的方式结束。虽然亨利六世下令逮捕了萨默塞特公爵，但玛格丽特王后还是设法秘密释放了他，并暗中将他带到了国王亨利六世的御帐，让他偷偷藏在了挂毯之后。这样，当约克公爵理查·金雀花觐见国王亨利六世时，萨默塞特公爵就可以充当此次会面的见证人。就在萨默塞特公爵刚刚偷偷藏好后，约克公爵理查·金雀花就走了进来，开始跟国王亨利六世会谈。交谈时，约克公爵理查·金雀花再次诚挚地重复了自己此前的立场，即他进军伦敦的动机并不是针对国王陛下本人，他针对的只是萨默塞特公爵，他声称自己诉诸武力的唯一目的就是要让那个大叛徒萨默塞特公爵得到应得的惩罚。

听了这番话后，萨默塞特公爵再也无法自控，他从藏身之处冲了出来。萨默塞特公爵的出现令约克公爵理查·金雀花十分惊讶，也令国王亨利六世惊愕万状。现身之后，萨默塞特公爵开始用最激烈的言辞指责约克公爵理查·金雀花："约克公爵理查·金雀花阁下，你口口声声地说你忠于国王陛下，可是，在我看来，你的野心昭然若揭，你的忠心是假，你妄图谋权篡位是真。"约克公爵理查·金雀花也以同样激烈的言辞谴责和威胁萨默塞特公爵。在他们激烈争执的过程中，国王亨利六世一直呆若木鸡。最后，当约克公爵理查·金雀花准备告退时，他遇到了玛格丽特王后早已安排好的人手——那些人早就守在门口了，当他出来时，他们当场逮捕了他。

不过，约克公爵理查·金雀花只被囚禁了很短的一

第十二章 王太子的降生

段时间。听闻他被捕后,他的长子马奇伯爵爱德华——即后来的爱德华四世——立刻组建了一支军队前来营救他。当然,亨利六世释放约克公爵理查·金雀花时也有其他方面的考虑:既然英格兰王国一半的人都支持约克公爵理查·金雀花那一派的立场,那么试图长期囚禁这样一个人物就是极端危险的。因此,亨利六世主动释放了约克公爵理查·金雀花,不过他也开出了自己的条件,即约克公爵理查·金雀花需要重新庄严宣誓,保证效忠国王。约克公爵理查·金雀花答应了这个条件,随后,他就在圣保罗大教堂举行了庄严的宣誓仪式。宣誓完毕后,约克公爵理查·金雀花就被释放了。退居自己在乡下的一处城堡之后,他日夜念叨着要报仇雪恨。

这次危机大约一年之后,玛格丽特王后生下了一个儿子。如前所述,这个孩子的诞生大大加深了英格兰王国的内部危机,因为他的原因,和平解决两大家族争端的希望似乎完全破灭了。原本,约克家族可以在国王亨利六世驾崩后和平继承王位的,但现在,他们这个希望化为了泡影。而兰开斯特家族呢,因为他们终于拥有了自己的王位继承人,所以他们的内部变得更加稳定。

不过另一方面,约克家族并不甘心就此放弃自己的王位主张。小王子的出生令约克公爵理查·金雀花下定了决心，此后，在登上英格兰王位之前，他不准备再退让了。因此，小王子的诞生导致了这样一种局面，即整个国家旧有的矛盾被彻底激化。阴谋与动荡成为英格兰王国的常态，每个人都在选择立场，或者在为选择立场做准备，为随时都有可能爆发的战争做准备。人们十分确定，战争一定会爆发，只不过他们不确定战争会在什么时候爆发。

因为玛格丽特王后是在圣爱德华日这个特定的宗教节日生下这位小王子的，所以玛格丽特王后便为自己的儿子取名为爱德华。出生几个月之后，他就受封为威尔士亲王。不过，因为这位威尔士亲王未能登基成为英格兰国王，所以，历史学家们通常称呼其为"威尔士亲王爱德华"，就如他们称呼"黑太子爱德华"一般。

第十三章

亨利六世患病

精彩看点

孩子出生带来的喜悦——相反的情况——各种磨难——亨利六世的健康状况——神经衰弱——亨利六世崩溃了——亨利六世的病情——玛格丽特王后的做法——山雨欲来风满楼——坎特伯雷大主教去世——古老的传统——传统的力量——上议院的代表发现亨利六世的情况——约克公爵理查·金雀花的应对——容易夭折的婴儿——约克公爵理查·金雀花的机会——两大派系的妥协——约克公爵理查·金雀花的职位——小王子受封威尔士亲王——议会的安排——年金——健康委员会——教育计划——玛格丽特王后屈服了——她的真实想法——英格兰的无冕之王——定居在格林威治——萨默塞特公爵的遭遇——东躲西藏——萨默塞特公爵被捕——生气的玛格丽特王后——孤立无援——玛格丽特王后的幸福时刻——他们的儿子威尔士亲王爱德华——高兴的亨利六世——玛格丽特王后再次夺回了权力——约克公爵理查·金雀花怒气冲冲地回到乡下——萨默塞特公爵获释

众所周知，在一般的家庭中，孩子出生后，随之而来的是喜悦，但是，可怜的玛格丽特王后所要面对的状况却似乎恰恰相反，儿子的出生反而令她陷入了极端可怕的危险当中。尽管小王子的出生并没有使英格兰王国直接爆发内战，然而，此后，玛格丽特王后不得不承受各种磨难。

其实，早在亨利六世和玛格丽特王后的儿子爱德华王子出生之前，亨利六世的健康状况已经不容乐观了。最开始的时候，亨利六世深受神经衰弱的折磨，后来，因为担忧国家的状况，他常常处于极度的焦虑当中，经常失眠。最终，重压之下，亨利六世完全崩溃了——他开始变得嗜睡，有些时候甚至会失去自主意识。为了避免情况变得更加糟糕，在自己的权限范围内，玛格丽特王后尽力地掩盖丈夫亨利六世患病的事实。其实，这种掩饰相对来说比较容易，因为虽然亨利六世精神错乱了，但他并没有因此而变得狂暴，如前所述，他开始变得嗜睡起来，有时候会失去自主意识。因此，我们可以说，与其说他得了疯癫病，倒不如说他变成了一个白痴。

为了掩盖亨利六世的病情，玛格丽特王后找了一个借口，和他一起来到了温莎。之后，她命人严密地守护着他，严禁任何人以任何借口进入国王的房间——自己的心腹以及完全听命于她的大臣除外。之后，她又对外宣称说国王抱恙在身，不得不在温莎静养。与此同时，在萨默塞特公爵和其他心腹的协助下，她以国王亨利六世的名义继续维持着政府运作。可是，这个时候，约克公爵理查·金雀花也加快了自己篡位的步伐。最后，英格兰的议会和英格兰民众都感到了不安，他们都感受到了那种"山雨欲来风满楼"的气氛，每个人都急切地想知道接下来会发生什么。

坎特伯雷大主教是英格兰教区级别最高的神父，爱德华王子出生大约两个月后，当时的坎特伯雷大主教不幸辞世。按照惯例，上议院有权派代表面见国王，并征求国王的意见和应对措施。因此，根据古代流传下来传统，上议院派代表来到了温莎。在那个时代，一些传统

温莎城堡的历史可以回溯到威廉一世时期,城堡占地面积大约有45,000平方米。与伦敦的白金汉宫、爱丁堡的荷里路德宫一样,温莎城堡也是英格兰君主主要的行政官邸。图为一幅雕版画:15世纪的温莎城堡全景

15世纪的温莎城堡鸟瞰图

第十三章 亨利六世患病

的权威甚至超过了法律的力量，因此，国王亨利六世不能拒绝召见他们，在这一点，玛格丽特王后也无计可施。然而，在见到国王亨利六世后，议会的代表们发现他们的国王无助地躺在床上，无论他们跟他说什么，他们都无法从他那里得到任何回应。

之后，上议院的代表们便将国王亨利六世的状况通报给了上议院。发现国王的病情竟然如此严重之后，约克公爵理查·金雀花一派的人决定再等一段时间。他们认为，按照现在这种情况，国王亨利六世很有可能很快就会驾崩。虽然他和玛格丽特王后还有一个儿子，但他们的儿子爱德华王子还是个婴儿。在那个时代，婴儿夭折率非常高，所以，他们认为爱德华王子极有可能无法活过幼儿时期的危险阶段，这种情况下，他们认为约克公爵理查·金雀花很有可能不需要任何手段便能够顺理成章地登上王位。

因此，支持约克家族的人和支持兰开斯特家族的人达成了某种妥协，国王亨利六世病重期间，议会任命约克公爵理查·金雀花为国王亨利六世的保护人和捍卫者，为爱德华王子的守护人。也正是在此时，小王子爱德华受封为威尔士亲王，这个封号也得到了两院的认可。这样一来，英格兰就以法令的形式确定了如下事实：第一，在国王亨利六世病重期间和威尔士亲王爱德华年幼时，约克公爵理查·金雀花为英格兰王国的摄政大臣，处理英格兰王国的一切事务；第二，威尔士亲王爱德华是英格兰王位的合法继承人。

约克公爵理查·金雀花和他的支持者们自然同意这种安排，他们觉得亨利六世命不久矣，威尔士亲王爱德华不久之后也会夭折。无论如何，约克公爵理查·金雀花都认为他应该安静地等待一段时间，这是最好的选择，特别是在这段时间里，他还实质上拥有了这个国家的最高统治权。

对于这个安排，玛格丽特王后极其不满，因为约克公爵理查·金雀花担任摄政大臣后，她所有的权力都被剥夺了。尽管不满，但她根本无力阻止这一切。此外，由于她的处境以及儿子的出生，在那段时间里，她的心中充满了母性的温情，以至于那时的她也没有了再做任何政治争斗的心思。

虽然议会在赋予约克公爵理查·金雀花摄政权的同时实质上剥夺了玛格丽特王后的权力，但他们还是给予了她充足的年金，以确保她和自己的儿子威尔士亲王爱德华能够以与自己身份相配的方式无忧度日。毫无疑问，议会这么安排的一个动机，就是要玛格丽特王后逐渐默

第十三章 亨利六世患病

许并接受这种变化,并在他们给她安排好的位置上安分守己、安静度日。除了给王后提供了慷慨充足的供给之外,为了保证威尔士亲王爱德华的健康成长,议会也做了充足的准备。首先,他们找来了五名医生,令其组成专门的健康委员会,专门照顾威尔士亲王爱德华,保证他的健康;第二,当威尔士亲王爱德华稍长一些之后,他们也计划为其提供良好的教育。

不久之后,被说服的玛格丽特王后也默许了这些安排。不过,在她的内心深处,她始终认为这一切都是权宜之计,很快就会结束。她相信丈夫亨利六世一定会恢复健康的,到那时,约克公爵理查·金雀花便不能再继续摄政了,到那时,她会再次成为真正执掌英格兰大权的人——因为她的丈夫亨利六世对她言听计从,所以,在英格兰,亨利六世只能说是名义上的英王,而真正的无冕之王却是玛格丽特王后。因为这些想法,所以她决定静待时机。

离开伦敦,玛格丽特王后定居在了格林威治的宫殿里。在那里,她依然保有自己的宫廷,她生活的风格及各种仪式也都一如那些当政的王后。如前所述,萨默塞特公爵曾是最受玛格丽特王后宠信的贵族,是她宫廷里的首要人物,然而,在约克公爵理查·金雀花摄政,萨默塞特公爵却变成了通缉犯——约克公爵理查·金雀花发布了逮捕他的法令。

虽然萨默塞特公爵东躲西藏，逃过了多次追捕，但最后，执行逮捕令的军官还是在玛格丽特王后的房间里找到了他，并将他逮捕归案。对于此事，玛格丽特王后极为震怒，她宣称约克公爵理查·金雀花的这种行为不仅表露出了他在政治上的敌意，还极大地侮辱了她。不过，那时的她孤立无援，而约克公爵理查·金雀花却执掌着英格兰的大权，最终，她也只能忍气吞声地隐忍。

如前所述，玛格丽特王后并不甘心长久地忍受这种屈辱的境况，同时相信丈夫亨利六世一定会康复。她为丈夫争取到了最好的治疗方案和医疗条件，她本人也在勤勉不懈地照顾着他。最后，她的努力终于有了回报，陷入了无意识的状态长达十个月之后，亨利六世终于醒了过来，他的病情开始好转了。醒来时，亨利六世表示自己仿佛从一个漫长的梦境中苏醒过来了一般。

观察到丈夫亨利六世已经恢复理智后，玛格丽特王后不禁喜出望外。她分外期盼着这个幸福时刻的来临，这时，她终于可以让她的丈夫亨利六世看看他们的儿子威尔士亲王爱德华了——到目前为止，可怜的亨利六世还从来没有见过自己的孩子呢。

第十三章 亨利六世患病

当玛格丽特王后把他们的儿子威尔士亲王爱德华抱到亨利六世面前时,虽然亨利六世依然躺在病床上,但他眼中流露出的喜悦表明他的确恢复了自主意识。

下面是一份记录当时情况的资料:周一中午,玛格丽特王后前来看望国王亨利六世,还带来了他们的儿子威尔士亲王爱德华。不久之后,国王亨利六世问道:"孩子叫什么名字?"玛格丽特王后告诉他说是"爱德华"。然后,他便举起了双手,感谢上帝的恩赐。国王亨利六

玛格丽特王后的儿子威尔士亲王

世说:"感谢上帝,现在,我终于有自己的孩子了,我终于成为一个父亲了。"接着,他又说道:"卧病在床期间,我既不知道别人曾对我说过什么,也不知道我究竟身处何处,不过现在,我终于恢复意识了。"随后,国王亨利六世又问孩子的教父是谁,听到玛格丽特王后的回答后,亨利六世相当满意。最后,玛格丽特王后告诉他说坎特伯雷大主教已经去世了,亨利六世悲痛地说:"啊,真是不幸,直到现在我才得知这个消息!英格兰最英明睿智的神父去世了,这真是英格兰莫大的损失!"

　　国王亨利六世的身体状况康复到一定程度后,玛格丽特王后立刻带着他赶到上议院,帮助他重新取回了英格兰王国的大权。这样一来,约克公爵理查·金雀花只能交出摄政大权,离开伦敦,怒气冲冲地回到乡下。当然,那时,玛格丽特王后也再次大权在握。掌权之后,玛格丽特王后立刻释放了萨默塞特公爵,恢复了他的职位。

第十四章

焦虑和麻烦

精彩看点

麻烦的六年——多种形式的对抗——动荡不安的英格兰——小规模的内战——国王亨利六世的状况——陪伴丈夫出征的玛格丽特王后——亨利六世的担忧——娱乐国王的方式——玛格丽特王后的指示——唱歌的孩子们——其他方式——假装朝圣——虔诚的亨利六世——得到安慰的亨利六世——次真正的朝圣——"好人公爵诺福克"——点石成金的魔法石——炼金术——欺瞒——健康与疾病——不满的约克公爵理查·金雀花——开战——圣奥尔本——约克公爵理查·金雀花的大军杀来——玛格丽特王后的选择——约克公爵理查·金雀花的条件——亨利六世的答复——攻城——奇兵——城破——国王亨利六世被俘——约克公爵理查·金雀花的气度——国王亨利六世被送回伦敦——绝望的玛格丽特王后——亨利六世旧病复发——约克公爵理查·金雀花的做法——和解——互不信任——贵族集会——争论与和解——庆典——队列——民众的反应——内战再次爆发

对玛格丽特王后而言，此后的六年是麻烦的六年，也是充满持续不断的焦虑、争斗和恐慌的六年：这六年里，威尔士亲王爱德华平安长到了六岁，玛格丽特王后也三十岁了；这六年里，两大派系争斗不断，约克公爵理查·金雀花一派不断地给玛格丽特王后制造各种麻烦。约克公爵理查·金雀花跟沃里克伯爵是约克公爵理查·金雀花一派的重要人物，而兰开斯特家族这一派则以玛格丽特王后为首，萨默塞特公爵和其他一些家族坚定地支持她。因为他们两派之间的明争暗斗，英格兰始终处于动荡之中。

这两派以多种形式对抗，有时是阴谋诡计，有时又是议会中激烈的辩论，有时还是私人或公开场合下的决斗。有些时候，双方甚至会公开宣战，为此，约克公爵

玛格丽特王后

理查·金雀花组织起了强大的武装力量,在他自己的乡下城堡或其他开阔地带与兰开斯特家族这一派开战。那个时候,玛格丽特王后不得不一次又一次地离开自己的孩子,把他托付给保姆和其他守护者,陪伴着孤立无助的丈夫亨利六世随军出征。

如前所述,虽然亨利六世康复了,但他的身体极为虚弱,他的精神也非常脆弱,尤其是在某些极端时刻,他经常像孩子般无助,而源于家族遗传的精神错乱更让他担忧。

为了让亨利六世放松身心,玛格丽特王后会专门寻找一些方式逗他开心,精心选择一些他力所能及的工作,用温柔舒缓的方式分散他紧绷的神经。在乡下行军时,她还会雇佣一些吟游歌手为他演唱歌曲、演奏乐器。同时,为了随时找到优秀的歌手,随时随地为丈夫表演,玛格丽特王后还指示各郡县的地方官员,让他们寻找长相清俊、嗓音动人的孩子,对他们进行必要的音乐指导。这样一来,一旦国王召见,他们就可以在御前表演了。当然了,与此同时,这些孩子们也可以挣到数量可观的工资。

玛格丽特王后和国王亨利六世的一些支持者们还会与王后一道,采取其他不同的方式娱乐国王,以平复他

第十四章 焦虑和麻烦

脆弱的神经,只不过他们采用的某些方式却值得商榷。

比如说,他们会安排不同的贵族和绅士求见国王亨利六世,那些人会请求国王允许他们离开英格兰,这样一来,他们就能去世界各处的圣地朝圣,为国王亨利六世祈福,祝愿他早日恢复健康。亨利六世本人极为虔诚,如果那些人能够专门为他祈福的话,他的心灵应该能得到慰藉吧。因此,一些贵族和其他一些重要人物往往会请求他允许他们外出朝圣。他们会庄严地跟亨利六世道别,好像他们真的会离开一样,随后,他们就消失一段时间,直到可怜的亨利六世已经忘记他们的请求为止。据说,有一个贵族确实去了耶路撒冷朝圣,朝拜了那里著名的耶稣圣墓大教堂,并为国王亨利六世祈福。此人是诺福克公爵,人们都称本性善良的他为"好人公爵诺福克"。

再比如说,为了让亨利六世打起精神,他的大臣们也会一次次地告诉他:"尊敬的陛下,我们已经发现了点石成金的魔法石,这样一来,我们就可以为您提供取之不尽的财富了。"点石成金的魔法石是一种假想中的石头,那个时代的炼金术士们始终都在寻找这种神奇的石头,通过它,铅、铁以及其他金属都可以转化为黄金。为此,国王亨利六世还专门为他们建造了皇家实验室,

圣墓位于耶路撒冷,是耶稣的埋骨之处。图为19世纪拍摄的圣墓一隅

第十四章 焦虑和麻烦

炼金术士们不断地在里面工作,做各种实验。玛格丽特王后也常常给国王亨利六世讲述他们实验中的奇妙进展,告诉他说他们的实验即将完成,不久之后,他的国库里就会有数不尽的黄金,到那时候,他想要多少钱,他的国库里就能够出现多少钱。可怜的亨利六世完全相信这些故事。听完这些话后,他总是十分高兴。

亨利六世的疾病具有间歇性发作的特点,因此,在不发病的时候,他的状况还是不错的,比如说他刚刚苏醒过来的那段时间——那段时间里,他的状态很好。不过,得知亨利六世不仅恢复了健康,而且状态极好后,约克公爵理查·金雀花非常不高兴。一方面是因为亨利六世恢复了健康,重新执掌了大权,他不得不交出手中的摄政权;另一方面则是因为他发现玛格丽特王后释放了他最痛恨的敌人萨默塞特公爵——如前所述,重新掌权后,玛格丽特王后做的第一件事就是释放了萨默塞特公爵,让他官复原职。因此,不久之后,约克公爵理查·金雀花便下定了决心,来到了威尔士边境——他的一些主要支持者都在那里,集结了一支军队。面对他如此嚣张的敌对态度,玛格丽特王后也不甘示弱,她决定亲率大军与他一决胜负。

为了对付约克公爵理查·金雀花,玛格丽特王后

早期的圣奥尔本。绘者信息不详

第十四章 焦虑和麻烦

也组建了一支军队——萨默塞特公爵在其中担任重要职务,并亲率大军从伦敦出发,朝西北方向进发。抵达圣奥尔本城后,他们决定做短暂的停留,不过,当他们即将再次出发时,他们看到了漫山遍野的士兵——这些都是约克公爵理查·金雀花的人马,在约克公爵理查·金雀花的率领下,他们正准备向伦敦进发。见此情景,萨默塞特公爵立刻命大军退守圣奥尔本城。

有那么一阵子,玛格丽特王后一直在进退维谷的痛苦中挣扎着。她必须在丈夫和儿子之间做出选择——她究竟是在此陪着丈夫呢,还是离开去陪儿子呢?最后,她终于下定了决心:萨默塞特公爵与国王亨利六世继续留在战场上,尽可能地拦截约克公爵理查·金雀花,玛格丽特王后则回到伦敦,带着儿子威尔士亲王爱德华退回格林威治,在那里等待战斗的结果。

很快,约克公爵理查·金雀花便派了一名传令官来到了圣奥尔本的城门下——他准备与亨利六世谈判。传令官传话说:"尊敬的陛下,约克公爵理查·金雀花这么做只是为了清君侧,清除您身边的佞臣萨默塞特公爵。您也知道,约克公爵理查·金雀花对您忠心耿耿,他征召大军也是为了帮您摆脱那个腐败不忠的大臣萨默塞特公爵的控制。"最后,约克公爵理查·金雀花的传令官说道:"尊敬的陛下,约克公爵理查·金雀花说了,如果您能将萨默塞特公爵交给他的话,他就会立刻解散军队,这样一来,一切危机都将完全终结。"

对此,国王亨利六世的答复是:"即便是失去我自己的王冠和生命,我也绝不会答应这样无理的要求的,无论如何,我都对不会交出萨默塞特公爵或者我麾下任何一名最普通的士兵。"

收到亨利六世的答复后,约克公爵理查·金雀花立刻组织士兵攻城。之后的一段时间里,亨利六世的士兵成功挡住了敌军对城墙和城门的攻击。可是后来,沃里克伯爵——约克公爵理查·金雀花的最主要盟友和支持者——率领一支骁勇善战的分遣队绕过了小山,从另外一个方向开始攻城。他率军通过了城墙附近的花园,又突破了花园和城墙之间的围墙,接着更是成功进入了圣奥尔本。随后,圣奥尔本城的大街小巷中爆发了一场可怕的白刃战。后方失守后,亨利六世这一方不得不分兵抵御,可就在此时,早就与沃里克伯爵约定好的约克公爵理查·金雀花立刻率军猛攻,不久之后,他们便成功破门而入,攻入城中。

在约克公爵理查·金雀花的士兵们狂猛攻势下,亨利六世的军队溃不成军,萨默塞特公爵和其他几个主要的贵族当场阵亡，国王亨利六世本人也中箭受伤。当时，他正站在大街上自己的旗帜之下，身边围着一些军官。看到敌人即将杀过来后，随从离开了他、四散奔逃，最后，他的大旗下只剩下他孤零零的一个人了。见此情景，他先是独自安静地站了一阵子，接着，他走进了附近的一家小店铺——约克公爵理查·金雀花就是在那里发现他的。

一见到国王亨利六世，约克公爵理查·金雀花便双膝跪倒，以这种方式表达了他仍然尊他为国王的心意。接着，他又表示："尊敬的国王陛下啊，我们拿起武器只是为了反抗叛徒和人民公敌，现在坏人已然伏诛，以后您再也不会有任何麻烦了。"

国王亨利六世回答说："那么，约克公爵理查·金雀花阁下，看在上帝的份上，请停止屠杀我的下属吧。"

于是，约克公爵理查·金雀花立即下令停止战斗，接着，他携着国王亨利六世的手，将他带到了圣奥尔本的修道院。圣奥尔本修道院是当时颇负盛名的、庄严神圣的宗教建筑，当天，约克公爵理查·金雀花为亨利六世安排了一间符合他身份的房间。第二天，约克公爵理查·金雀花又亲自护送亨利六世返回了伦敦。尽管约克公爵理查·金雀花依然尊敬亨利六世，但这只是表象，事实上，亨利六世是他的俘虏。

可怜的玛格丽特王后一直待在格林威治，在极度的悬心和焦虑中等待着最后的消息。可是，当她真正等到消息时，她才发现，她这一方已经战败了，她的丈夫国王亨利六世也受伤被俘，落到了她最厌恶、最憎恨的敌人手里，沦为事实上的囚犯。她陷入了绝望之中，一连数小时都保持着那种麻木的状态。

玛格丽特王后还是振作了起来，开始考虑自己下一步的行动计划，不过摆在她面前的前景却似乎越来越暗淡。因为国王亨利六世的身体本就虚弱，又受到了强烈的刺激，再加上伤口的影响——他的伤口似乎迟迟无法愈合，旧病复发。约克公爵理查·金雀花认为自己登基的时机尚不成熟，因此，他将国王亨利六世的状态告诉了议会成员，并让他们再次任命他为国王亨利六世的保护者。就这样，他再次重夺大权。之后，他便将国王亨利六世交给了玛格丽特王后照料，将他们一家送到了乡下。

在那些令人焦虑的动荡岁月里，有这么一次堪称情况最特殊的大和解。这次和解迁徙正是这些派系对抗最严重的时候，可是就在此时，法国入侵了。面对法国入侵的威胁，玛格丽特王后立刻召开了一场最大规模的会议——召集了两派所有的贵族。会上，所有人共同商定了一些条款,双方都同意应当暂时放下使得国家四分五裂的内部宿怨,团结起来共同对抗外敌。

然而,试图召集这些贵族的行为是一个非常危险的举动,因为他们互不信任,没有一个人愿意孤身一人前来参加会议,因此,他们都打算带领大批私兵保护自己的安全。最后,经过相互妥协,他们都同意由伦敦市长专门维护和平,保护大家的安全。为了保证伦敦市长能够有效地行使自己的职责,他们还允许他招募一支一万人的武装力量——这支武装力量由伦敦市民中的志愿者组成。

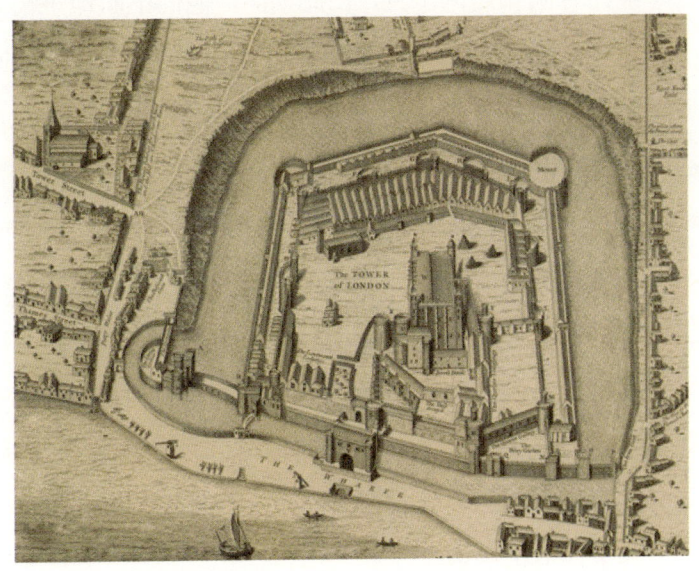

伦敦塔的平面图,绘于 1597 年

约定的日期即将来临时，各个贵族都率部进驻伦敦。当然了，他们每个人也都带着大批私兵——有的是五百人，有的是四百人，有的则是六百人，而代表着珀西家族的贵族则带了浩浩荡荡的一千五百人。这些人都穿着猩红色的制服，一旦自己的封建领主有令，身为贵族私兵的他们就会毫不犹豫地跟任何人战斗。在约定的时间抵达伦敦后，这些贵族分别在伦敦周边的不同的城堡和堡垒里建立了自己的临时根据地，因此，当会议召开的时候，他们就像许多独立主权国家的君主一样共聚一堂，一起谈判协商具体的条款。

谈判时间长达两个月，在此期间，他们不断地争论。不过总得来说，到后来，他们还是达成了协议，所有的争议焦点都得到了有效解决。最后，他们签署了条约，达成了大和解——或者说虚假的和解。

一月中旬，会议召开，3月24日，他们签署的条约以极为庄严的方式加盖了国印，正式生效。一切尘埃落定后，为了纪念此事，他们还举办了一场盛大的庆典。

庆典上，国王亨利六世和玛格丽特王后头戴王冠，身披王室正式礼服，走在队列的最前方，紧随其后的是英格兰的主要贵族和高级神职人员——这些人庄严肃穆地走向圣保罗大教堂。

圣保罗大教堂位于泰晤士河畔,图为黄昏的圣保罗大教堂和泰晤士河。绘者信息不详,现藏于布里奇曼图书馆

伦敦市民和来自伦敦周围城镇的其他民众共同见证了这次盛大的典礼，在队伍通过时，他们站在大街两旁为此次和解而大声欢呼。夜幕降临后，市民家里的灯火和大街上的篝火照亮了整座城市。不过，大约一年之后，内战再次爆发，而且这次内战的激烈程度更胜从前，参与内战的双方也更加疯狂。经此一战，亨利六世失去了王位。在下一章中，我将详细叙述与此战有关的事情。

第十五章

玛格丽特王后开始逃亡

精彩看点

布洛希思战役——亨利六世再次病倒——两军的统帅——玛格丽特王后的命令——军服上的装饰——战败——玛格丽特王后开始逃亡——国王亨利六世的虚弱状态——无所畏惧的玛格丽特王后——玛格丽特王后的努力——加莱——败退的敌人——沃里克伯爵卷土重来——盛衰不定——沃里克伯爵率军成功挺进——北安普顿之战——国王亨利六世再次被俘——沃里克伯爵的态度——国王亨利六世的生活——嚣张跋扈的约克公爵理查·金雀花——上议院发生的事——一些人劝说亨利六世退位——亨利六世的回答——五十年的统治——解决办法——约克公爵理查·金雀花的打算——找不到玛格丽特王后

1459 年夏，也就是上一章讲述的和解一年之后，分属两大阵营的两支大军在英格兰中心地带斯塔福德郡布洛希思扎营对阵，一场恶战就此开始。

战争期间，在距布洛希思不远处的科尔斯希尔镇，国王亨利六世再次病倒。当时，玛格丽特王后正在另一个名为迈克莱斯顿小镇里。这个小镇非常靠近战场，从小镇教堂的塔楼上，玛格丽特王后可以看到正在对垒的两军。

索尔兹伯里伯爵是约克公爵理查·金雀花一派的军队统帅，玛格丽特王后一派的军队统帅则是奥德利勋爵。在奥德利勋爵前来与玛格丽特王后告别，准备奔赴战场之前，玛格丽特王后向他颁下了严令——务必将索尔兹伯里伯爵带回来，生死不论。

当时，奥德利勋爵麾下有一万名士兵，士兵们的胸前都装饰着兰开斯特家族的象征——红玫瑰，军官们都穿着别着银色小天鹅的制服，这些小天鹅都是威尔士亲王爱德华分发给他们的。

战斗开始后，玛格丽特王后一直观察着战场形势。不久之后，令她沮丧的事情发生了。她发现战局不利于己方，她开始感到恐慌，开始目不转睛地盯着奥德利勋爵的旗帜。最后，她悲哀地发现，奥德利勋爵的战旗倒下了，她明白，自己这一方败局已定。于是，她匆忙地离开塔楼，在几位支持者的陪伴下开始逃命，匆匆赶往距离此处并不是很远的一处要塞——管辖要塞的是她的支持者。

为了避免国王亨利六世再次战败被俘，他们不得不带着他一起转移。但亨利六世的身体太过虚弱，已经到了神志不清的地步，那时的他几乎不知道究竟发生了什么事。当他们准备用担架将亨利六世抬走时，他无力地抬起头问道："谁赢了？"

这次战争的失利并没有让玛格丽特王后灰心，不仅如此，它还激发了她斗志。内战初期，她的确有些害怕，那时她只有一个丈夫需要牵挂、需要照顾；然而现在，她又有了一个儿子，女本柔弱、为母则刚，为了保护自

安茹的玛格丽特与威尔士亲王的大理石雕像，位于法国巴黎的一处公园里

己的孩子免受伤害，为了维护自己孩子的权利，母性本能令她无所畏惧。

刚刚战败不久，玛格丽特王后就开始着手组建新的军队。不过，她并没有将军队的指挥权交给任何将军，这一次，她打算自己亲自指挥战斗。在这里，我不打算长篇大论地详细描写后续几次战役的细节，我准备直接告诉读者们最终的结果——玛格丽特王后大获全胜。这次轮到她的敌人逃亡了，约克公爵理查·金雀花撤往爱尔兰，而沃里克伯爵则穿过多佛海峡前去加莱——那个时代的加莱是一个巨大的军事基地。当时，加莱尚属于英格兰，不过不久之后，英格兰就要永远地失去它了。在加莱休整之后，沃里克伯爵很快便卷土重来，率领一支大军从英格兰南部登陆，率军朝伦敦推进，这一次，他成了胜利者。

天道难测，盛衰不定，不同时代、不同国家、不同派系之间的胜败如同钟摆一般交替出现，而民心似乎也是如此。一年之前，英格兰的民众还一心支持玛格丽特王后，但沃里克伯爵卷土重来时，英格兰民众几乎都开始支持她的敌人。当沃里克伯爵率军从英格兰南部海岸登陆，一路北上直逼伦敦时，英格兰民众蜂拥而至，伦敦市民甚至打开了城门，接纳他和他的军队入城，就仿

第十五章 玛格丽特王后开始逃亡

佛这支大军是前来拯救他们于水火之间似的。

沃里克伯爵并没有在伦敦耽搁太久，不久之后，他便率部继续朝北进发，准备继续追击玛格丽特王后的军队。不久之后，他们再次在北安普顿交战。这一次，玛格丽特王后依然在不远处的一处高地观看战事，不过很不幸，这一次，玛格丽特王后一方又战败了，可怜的国王亨利六世再次被俘。

不过沃里克伯爵并没有把国王亨利六世看作敌人和囚犯，他对国王关怀备至、尊敬有加，对外，他更是宣称自己从叛徒手中救出了英格兰王国的国王。约克公爵理查·金雀花一派认为废黜国王、拥护约克公爵理查·金雀花登基的时机尚不成熟，因此，他们并没有公开他们

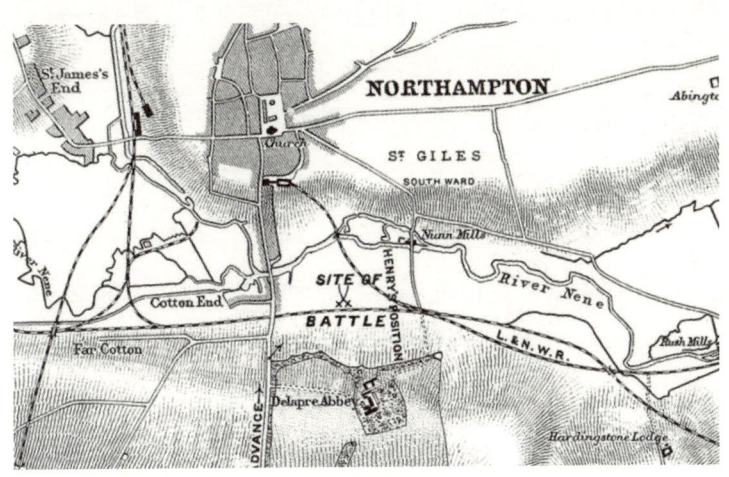

北安普顿战役示意图

计划废黜国王亨利六世的目的。最后,他们将国王亨利六世移送到伦敦,安排他住进了自己的宫殿。表面上,国王亨利六世依然是英格兰王国的象征和标志,但实际上,他的自由受到了严格地限制。

风平浪静之后,约克公爵理查·金雀花以国王亨利六世的名义召开议会,让国王亨利六世按照他的要求签署了一些文书和其他一些必要的文件。十月份,议会顺利召开。

议会召开前夕,国王亨利六世被安置在一处距伦敦不远的乡间别墅里。在那里,他们尽可能地让亨利六世生活得更加舒适。他既可以外出狩猎,自娱自乐或强健体魄,也可以参与其他一些户外娱乐活动。然而,为了防止他自行逃跑或者被玛格丽特王后的支持者们秘密带走,他始终处于严密的监视之下。至于玛格丽特王后和威尔士亲王爱德华,没有人知道他们现在的情况。

议会召开时,在上议院,约克公爵理查·金雀花引起了极大的轰动。到那时为止,约克公爵理查·金雀花依然没有表露出自己准备取代亨利六世的野心,他说道:"尽管我与国王陛下亨利六世兵戎相见了,但众所周知,我这么做并不是要反对国王陛下,而是为了拯救陛下,铲除他身边的邪恶势力。"

第十五章 玛格丽特王后开始逃亡

可是,尽管约克公爵理查·金雀花的言辞依然谦恭,但他的行为却越来越嚣张跋扈。比如说这一次,议会召开时,他居然带着五百骑兵来到了伦敦,还随身携带着王室御剑。此外,上议院集会时,他还骑马直接进入了威斯敏斯特大教堂,让自己的人马在议会集会的大厅门前展开队列,随后他才进入大厅。

穿过大厅后,约克公爵理查·金雀花直接走向了王座所在的高台,然后,他踏上台阶,走向宝座。当时,整个议会的成员都注视着他,他们都想看看他究竟会怎么做。一些人期待他立刻就坐上王位,正式宣称他才是英格兰真正的统治者。然而,他并没有那么做,他只是在王位之侧站立了几分钟,把手放在了王座猩红色的椅搭上,仿佛在犹豫着是否就此坐上去,又或者说他在等待他的支持者们开口拥护他。可是接下来的几分钟里,现场鸦雀无声。最后,现任坎特伯雷大主教——从某些方面来说,他也是现场最尊贵的人士之一——问他是否愿意去拜见国王亨利六世——当时国王亨利六世就在附近的一所公寓里。约克公爵理查·金雀花以傲慢的语气回答道:"在英格兰,还有什么值得我去拜见的人吗?"说完这些话,他便转过身去,骄傲地走出了大厅。

虽然约克公爵理查·金雀花并没有直接坐上王座,

但很明显，他的野心已经昭然若揭了，人们都相信，不久的将来，他一定会篡位的。一些贵族认为，或许他们可以劝说国王亨利六世主动退位，于是，他们就与亨利六世谈及了这个话题，询问道："尊敬的陛下，您说，您与约克公爵理查·金雀花，谁最有资格坐在王位上呢？"

亨利六世回答道："我的父亲是国王，我的祖父也是国王，尚在襁褓之时，我就带上了王冠，至今已经四十多年了。各位都曾宣誓要效忠于我，做我的臣子，你们的父亲也曾对我父亲和我的祖父做过同样的宣誓。这个答案不是很清楚吗？"

的确，亨利四世、亨利五世、亨利六世三代人都是英格兰的国王，他们这一脉统治英格兰已达半个世纪之久。经过这么长的统治，英格兰的民众已经认可了他们的正统性。虽然约克公爵理查·金雀花宣称自己可以拥有英格兰王位的继承权，但为了确认他的继承权，英格兰民众至少需要追溯半个世纪的时间。

最后，为了确定约克公爵理查·金雀花是否拥有继承权，议会进行了一系列的调查和讨论。最终，议会宣布，约克公爵理查·金雀花和他的后代确实有资格继承英格兰王位。虽然如此，但只有在现任国王亨利六世驾崩后，约克公爵理查·金雀花这一脉才有权继承英格兰的王位。

第十五章 玛格丽特王后开始逃亡

因此，虽然英格兰的大权已经旁落到了约克公爵理查·金雀花的手中，但只要国王亨利六世还在世，他就还是名义上的英格兰国王。只有亨利六世驾崩后，约克公爵理查·金雀花才能继承英格兰王位。

对于这样的安排，约克公爵理查·金雀花极为满意。为了确保自己能够在亨利六世驾崩后登上英格兰王位，他开始搜寻亨利六世和玛格丽特王后的儿子威尔士亲王

约克公爵理查·金雀花，出自英格兰一座教堂门上的玻璃窗花

爱德华。约克公爵理查·金雀花深知，即使他能废黜亨利六世，自己登上王位，但只要威尔士亲王爱德华和他的母亲玛格丽特王后依然流亡在外，那么他统治的根基就不可能牢固。

为了把威尔士亲王爱德华控制在手心，约克公爵理查·金雀花设法诱导国王亨利六世签署了一项法令，该法令要求玛格丽特王后与威尔士亲王爱德华速回伦敦，如有违抗，将以叛国罪论处。颁布这个法令后，约克公爵理查·金雀花开始派人公开探寻玛格丽特王后的下落，不过他们始终没有找到她。

第十六章

玛格丽特王后的胜利

精彩看点

突然的逆转——撤退到苏格兰——逃亡之旅——玛格丽特王后重返英格兰——玛格丽特王后的支持者——玛格丽特王后的成功——约克公爵理查·金雀花的行动——玛格丽特王后的激将法——韦克菲尔德之战——约克公爵理查·金雀花被杀——约克公爵理查·金雀花的小儿子——索尔兹伯里伯爵被当众斩首——首级的处理方式——玛格丽特王后的胜利——重掌大权

然而接下来，一系列非常迅速、突然的逆转发生了，双方关键人物的命运也随之发生了天翻地覆的变化。

在上一章所描述的战役后，绝望的玛格丽特王后和她的儿子威尔士亲王爱德华开始逃亡。逃亡中，只有八个人陪伴在她们母子身边。当时，因为战争，英格兰王国内极不太平，他们这一行人根本没有什么抵御风险的能力。据说，在赶往威尔士的途中，他们一行人曾遭遇拦路抢劫，玛格丽特王后所有的珠宝和其他贵重物品都被洗劫一空。而且若非劫掠者忙着瓜分财物，他们才乘机逃脱的话，玛格丽特王后和威尔士亲王爱德华极有可能会成为俘虏，被押往伦敦。

在威尔士短暂停留后，玛格丽特王后一行人立刻经海路去了苏格兰搬救兵。在苏格兰，玛格丽特王后有很多极有权势的支持者。在支持者们的帮助下，玛格丽特王后展现了不屈不挠的精神和必胜的决心，不久之后，她就重新组建了一支军队。随后，她亲率大军，越过苏格兰和英格兰的边境线，杀入了英格兰。那时，英格兰的很多人又开始同情起她的不幸遭遇来，被她那种与不幸抗争的精神所打动，被她那种在捍卫丈夫和儿子权利时直面身边一切可怕危险的勇气所打动，因此，他们从四面八方涌到玛格丽特王后的旗下。八天前，约克公爵理查·金雀花刚刚在伦敦签署了命令玛格丽特王后投降的指令；八天后，玛格丽特王后便率军出现在了英格兰北部重镇约克城外。

这条情报送到伦敦时，约克公爵理查·金雀花着实吃了一惊。间不容发之际，约克公爵理查·金雀花立刻召集起了他征召到的所有士兵，率领他们北上约克城，准备在那里迎击玛格丽特王后。同时，他还下令，命自己一派的其他人从英格兰各地发兵，尽快赶往约克城外与他会师。

不久之后，约克公爵理查·金雀花便率军抵达了玛格丽特王后大军的左近，两军在韦克菲尔德镇附近相遇。因为玛格丽特王后一方占据兵力优势，约克公爵理查·金雀花认为己方力量还没有强大到直接进攻的地步，所以

第十六章 玛格丽特王后的胜利

他决定先按兵不动,静候援军的到来。为了激怒约克公爵理查·金雀花,让他出战,玛格丽特王后派人不断地挑战,不断地辱骂、嘲笑约克公爵理查·金雀花。最终,忍无可忍的约克公爵理查·金雀花当真中了玛格丽特王后的激将法,率军离开了深壁固垒,准备与玛格丽特王后的人决一死战。最终,一场大战打响,玛格丽特王后一方大获全胜,约克公爵理查·金雀花的五千大军损兵折将,他本人也被杀身亡!

得知这个阴魂不散的死敌终于战败身亡后,玛格丽特王后欣喜若狂,简直无法抑制自己的兴奋之情。在之前的一战中,玛格丽特王后这一派的贵族克利福德勋爵的父亲被约克公爵理查·金雀花一方的人以极端残暴的方式杀死。这一次,克利福德勋爵亲自斩下了约克公爵理查·金雀花的首级,并将他的头颅挑在矛尖上,带到玛格丽特王后面前。看到这可怕的一幕后,玛格丽特王后命人将约克公爵理查·金雀花的首级置于杆首,挑在约克城的城墙上示众。

拉特兰伯爵是约克公爵理查·金雀花的小儿子,这一次,他也跟随着自己的父亲约克公爵理查·金雀花上了战场。约克公爵理查·金雀花战败的时候,他想突围逃到附近的桑达尔城堡。那座城堡极为坚固,而且管辖城堡的人是支持约克公爵理查·金雀花一方的，如果他真的能够顺利抵达那里的话，他就能转危为安了。可是，虽然他的护卫们竭尽全力地保护着他突围，但这个可怜的男孩还是被克利福德勋爵无情地砍于马下，那时，他才十二岁。

战争结束后，被俘的索尔兹伯里伯爵也被当众斩首，而且他的首级也被挑在矛尖之上，悬挂在约克城的城墙上示众——当时，他的首级和约克公爵理查·金雀花的首级距离很近。对玛格丽特王后而言，此战真是前所未有的胜利：首先，她的军队大获全胜，杀敌两千；第二，一直以来，约克公爵理查·金雀花和索尔兹伯里伯爵都给她造成了很大的压力，但现在，他们二人都死于此战了；第三，此战中，约克公爵理查·金雀花一派的主要人物大都或被杀或被俘；第四，现在已经没有任何人可以阻止她直捣伦敦，将丈夫亨利六世从囹圄中解救出来了；第五，她将无可争议地再次拥有英格兰的最高权力。

第十七章

玛格丽特王后再次流亡

精彩看点

新的逆转——英格兰民众的反应——约克公爵理查·金雀花的头颅——纸制的王冠——举国震惊——玛格丽特王后的暴行——约克公爵理查·金雀花的长子爱德华——约克公爵理查·金雀花的继承人——圣奥尔本之战——沃里克伯爵战败——国王亨利六世获救——圣奥尔本修道院——民怨沸腾——约克公爵爱德华势力大增——伦敦——陶顿之战——玛格丽特王后再次出逃

韦克菲尔德战役之后，玛格丽特王后大获全胜，那时，她的面前似乎是一片坦途。然而，短短数月之后，她却再次陷入最深的黑暗之中。

1460年12月底，韦克菲尔德之战爆发，约克公爵理查·金雀花阵亡。可是，仅仅三个月后，1461年3月，玛格丽特王后便不得不离开英格兰，再次踏上逃亡之旅。

玛格丽特王后的命运之所以发生如此重大的反转，很大程度上归因于英格兰民众的反应，源于韦克菲尔德之战中玛格丽特王后及其派系犯下的骇人听闻的暴行。战后，他们的暴行传遍了英格兰，激起了民众普遍的厌恶情绪。

据说，战后，在一群骑士和贵族的簇拥下，克利福德勋爵将约克公爵理查·金雀花的首级挑在长矛的矛尖上,来到了玛格丽特王后身边,对玛格丽特王后说道:"看啊,王后!战争结束了!这是国王陛下的赎金!"

听闻此话,他们旁边的围观者立刻发出了一阵欢呼,对着那颗可怕的头颅指指点点,在一片哄笑声中不断地嘲讽戏谑约克公爵理查·金雀花。之后,他们还将一顶纸制的王冠戴在约克公爵理查·金雀花的头颅之上,希望以此制造一种喜剧效果。后来,玛格丽特王后也与其他人一起嘲弄起这顶纸王冠产生的荒谬效果。

如前所述,约克公爵理查·金雀花的幼子拉特兰伯爵也被杀害时,他不过是一个十二岁的孩子。他的惨死激起了英格兰民众的普遍同情。或许玛格丽特王后并未直接下达杀死拉特兰伯爵的命令,但英格兰民众却不这样认为,他们觉得,既然玛格丽特王后赞扬了克利福德勋爵残忍杀害约克公爵理查·金雀花的暴行,那么,在杀死拉特兰伯爵一事上,她即使不是主犯,也是从犯。

此外,玛格丽特王后的另一项命令也充分体现了她对约克公爵理查·金雀花的刻骨仇恨,她株连了这位失势仇敌的家人。她的这种做法,英格兰民众更加不满。吩咐人将约克公爵理查·金雀花和索尔兹伯里伯爵的头颅挂在约克城的城墙上示众时,玛格丽特王后特意命人在两颗头颅之间留下必要的空间,她说她还得给约克公

马奇伯爵爱德华的画像,在父亲死后,他袭位成为约克公爵。绘于 1540 年,绘者信息不详

爵理查·金雀花的长子马奇伯爵爱德华留一个位置。约克公爵理查·金雀花的长子爱德华并未参与韦克菲尔德之战，鉴于父亲约克公爵理查·金雀花已经阵亡，所以他自然而然地继承了父亲约克公爵理查·金雀花的头衔和一切相应的权利。

当时，约克公爵理查·金雀花的长子爱德华还很年轻，不过19岁，在此之前，他的头衔一直是马奇伯爵，而现在，除非他选择成为英格兰国王，否则他就是新一代约克公爵理查·金雀花了。新的约克公爵爱德华才干卓著，父亲约克公爵理查·金雀花被害后，此前忠于他父亲的人立刻转而效忠他、支持他。因为玛格丽特王后的暴行，约克公爵理查·金雀花的支持者们非常愤怒，复仇的火焰在胸中燃烧。在他们的支持下，约克公爵爱德华立刻集结大军开始行动。他父亲约克公爵理查·金雀花被害时，他正在英格兰西部，闻讯后，他立即朝海岸方向开拔，准备在玛格丽特王后抵达伦敦前截住她的大军。

与此同时，沃里克伯爵也率军离开了伦敦，他率部一路北上，准备迎击玛格丽特王后的大军。此前，亨利六世一直待在伦敦，这时，他也被胁迫着随军同行。在年轻的约克公爵爱德华率军抵达之前，沃里克伯爵和玛

第十七章 玛格丽特王后再次流亡

格丽特王后的两支大军在圣奥尔本附近狭路相逢了,一场殊死搏斗就此展开。

因为沃里克伯爵的士兵主要是伦敦的市民,是仓促之间征募来的,而玛格丽特王后麾下的苏格兰士兵则是身经百战的骁勇之师,结果沃里克伯爵的军队被打得落花流水。激战了一整天之后,入夜时分,沃里克伯爵麾下的士兵开始四散奔逃。在匆忙逃跑的混乱之际,可怜的国王亨利六世被遗弃在了乱军之中。

交战时,玛格丽特王后并不知道自己的丈夫亨利六世也在战场上。入夜后,看守国王亨利六世的士兵刚一逃跑,一位始终留在国王亨利六世身边的忠诚侍从立刻便赶往玛格丽特王后的营帐,找到了一位正在那里坐镇指挥的贵族,告知他国王亨利六世此刻的位置。这位贵族立刻就把此事禀报了玛格丽特王后。获悉这个消息后,玛格丽特王后大喜过望,立刻飞奔到丈夫亨利六世的身边。

夫妻重逢后,玛格丽特王后带着威尔士亲王爱德华拜见了他的父亲亨利六世,随后,他们一家人便一起去了圣奥尔本修道院,打算住进已经为他们准备好的公寓里。不过,在进入修道院之后,他们最先去的地方是教堂——他们去那里为国王亨利六世无恙获救而公开致谢。在教堂门口,他们受到了修道院院长和一众神职人员的接待——这些人唱着赞美诗和感恩歌来欢迎他们。祈祷完毕后,国王亨利六世和玛格丽特王后回到了修道院事先为他们准备好的房间里,打算在那里安静地休息一段时间。

与此同时,英格兰民众的不满情绪仍在持续增长,因为玛格丽特王后又犯下了新的暴行——在与沃里克伯爵的决战中,玛格丽特王后一方俘虏了不少约克公爵理查·金雀花一派的贵族,最后,她下令将这些俘虏统统处死。同时,为了获得足够的经费来支持军队的开销,给军队提供粮草,玛格丽特王后并不约束部属,反而任由他们公然劫掠。而且大军所过之处,她还强行征用民众财产,如有反抗,她就科之以罚金,或者干脆将那人的财产没收充公。

玛格丽特王后的高压政策以及她所展现出来的残暴彻底激怒了英格兰民众,最后,英格兰的民心完全倒向了年轻的约克公爵爱德华。于是,年轻的约克公爵爱德华重新集结起了之前被击溃的军队。不久之后,他的势力大涨,玛格丽特王后也不得不退避三舍,率部朝英格兰北部撤去。当然了,那个时候,英格兰国王亨利六世和他们的儿子威尔士亲王爱德华都在她的身边。

第十七章 玛格丽特王后再次流亡

同时,年轻的约克公爵爱德华开始向伦敦进发。当约克公爵爱德华抵达伦敦时,伦敦城的市民把他当作救世主一般,伦敦城内的贵族也举行了大型集会。经过审慎的思虑,国王亨利六世被废黜,约克公爵爱德华继任为英格兰国王,是为爱德华四世。两天后,人们自发聚集起来,组成盛大的游行队伍,骑在马上、威仪万千的爱德华四世则走在队首。他来到威斯敏斯特大教堂接受加冕,正式成为英格兰国王。

为了重新挽救兰开斯特家族的命运,在陶顿,玛格丽特王后不顾一切地再次开战。最后,玛格丽特王后一派彻底战败,损兵折将三万余人——此役堪称玫瑰战争中伤亡最惨重的一战。

16世纪的阿尼克城堡。乔瓦尼·安东尼奥·卡纳尔绘

玛格丽特王后

获悉此战结果后,玛格丽特王后立刻带着丈夫亨利六世、儿子威尔士亲王爱德华和一小队随从逃往北方。逃亡途中,她曾在阿尼克城堡作短暂停留。阿尼克城堡属于玛格丽特王后的一位支持者,是一座坚固的堡垒。在那里,她发现反对自己的力量日益增长,英格兰民众也越来越支持新的国王爱德华四世,与此同时,爱德华四世的大军也紧随其后,步步紧逼。最后,她认为,英格兰境内已经不安全了,因此,他们一行人离开了阿尼克城堡,再次越过边境,进入苏格兰。那个时候,如同一个流放者和难民一般的玛格丽特王后几乎是穷途末路了。

第十八章

求助于路易十一

精彩看点

玛格丽特王后在苏格兰——玛格丽特王后的想法——联姻——派往法国的使者——使者的来信——信使的建议——玛格丽特王后的决定——法王路易十一——玛格丽特王后资金匮乏——商人的感激——法国之行——资金耗尽——三位使者——错过——玛格丽特王后来到法国——路易十一——借款与抵押——玛格丽特王后进一步失去人心

逃亡到苏格兰后，玛格丽特王后并没有因叠遭不幸而心灰意冷，相反，她立刻采取措施，着手组建新的军队，打算再次进军英格兰，以图恢复丈夫亨利六世的王位。她相信，英格兰内依然有一大群英格兰贵族和相当多的民众支持自己的丈夫亨利六世，他们时刻都在准备着，准备随时随地集结在国王亨利六世的战旗之下。而这一切必须有两个前提：第一，她需要有一支军队，第二，她需要率军进入英格兰后首战告捷。苏格兰并不缺少骑士和贵族，也不缺少优质兵员，这些人已经做好了充分的准备，一旦她竖起大旗，他们随时都可以投到她的麾下。然而问题在于，单靠这些人简单地组合在一起并不能形成一支骁勇善战的军队。

为了获取苏格兰政府的支持，玛格丽特王后准备与

玛格丽特王后

苏格兰王室联姻——她准备让她七岁的儿子威尔士亲王爱德华迎娶一位苏格兰公主。最后,虽然她成功达成了附有条件的婚约,但她发现自己还是无法集结一支军队,还是无法杀回英格兰。

与此同时,玛格丽特王后也派出了三位贵族使者前往法国,想请法国提供一些支援。法国是她的故国,当时的法王查理七世更是她的叔叔,她有充分的理由相信,自己一定会得到法国的援助和同情。然而夏天快结束时,她收到了其中两位使者从迪耶普发回的信件,从信件中,她发现法国的情况丝毫不容乐观。

迪耶普位于法国北部沿海,隔英吉利海峡与英格兰相望,是法国重要的渔港和商港。图为繁忙的迪耶普,J. M. W. 特纳(1775—1851)绘。

第十八章 求助于路易十一

信使在信中提到，在此之前，他们已经给玛格丽特王后写过三封信了：一封是他们前去法国时，从乘坐的卡维尔号上寄回的，另外两封信是他们到达迪耶普之后发出的。所有的信件都在通知她同一个噩耗——玛格丽特王后的叔叔查理七世已经驾崩了，他的堂兄继承了法国王位，然而这位新国王路易十一陛下似乎并不打算支持玛格丽特王后的复辟大业。抵达迪耶普后，那里的法国军官强行拿走了他们三人的所有证明文件，并将之上呈给了新继位的法王路易十一。法王路易十一则将其中一位信使关在了距迪耶普不远处的阿克斯城堡，而他之所以没有逮捕另外两位使者，仅仅是因为他们携带了安全通行证。

不过，在信中，使者们还是鼓励玛格丽特王后不要放弃，建议她静待时机。他们表示说，除非玛格丽特王后发现待在苏格兰已经不安全了，否则的话，她千万不可亲自出海来法国，更不能带着威尔士亲王爱德华冒险乘船出海。

现在，我在书中附上其中一封信的原文，内容如下：

王后，上帝保佑，自从我们来到这里之后，我们已经给您写过三封信了，一封是在我们乘坐的卡维尔号上写的，另外两封则是从迪耶普

255

发出的。不过，从本质上来讲，它们都在说同一件事。我们不得不悲伤地告诉您，您的叔叔法王查理七世已经驾崩了，您的堂兄继位成为新的法王。此外，我们也不得不悲伤地告诉您，我们中的一位已经被捕了，而我们两人状况也不是很好：我们刚到达法国时，萨默塞特勋爵被迫滞留在阿克斯城堡，因为我和威丁汉有安全通行权，所以我们还能暂时留在迪耶普镇。

另外，我们还想向您提出如下建议：除非您已经确定了您现在所待的地方不安全了，否则的话，如无必要，您自己也好，或者小王子威尔士亲王也好，千万不要以身犯险，乘船出海，请您等待我们的进一步消息。

王后，一旦我们获得自由，我们必定会回到您的身边的，除非死亡将我们带往他处。而我们也坚信，我们一定能亲眼见证国王陛下和您重掌英格兰大权的，否则的话，我们死不瞑目。

您忠诚的臣民和下属
亨格福特和威丁汉
1461 年 8 月 30 日于迪耶普

第十八章 求助于路易十一

那年冬天,玛格丽特王后是在苏格兰度过的。整个冬天里,她都在努力地与命运搏斗,然而一切都是枉然,她的努力并没有等到转机。春天到来时,她决定亲自前往法国求见新国王路易十一,看看事情是否会有转机。这位新国王路易十一是玛格丽特王后儿时的玩伴,也是她父亲勒内国王的妹妹玛丽的儿子。所以,玛格丽特王后希望路易十一国王能够看在她现在孤苦无依的份上给她提供一些帮助。

然而,当时的玛格丽特王后资金匮乏,若不是一位居住在苏格兰的法国商人仁义相助的话,她甚至无法筹集到前往法国的经费。这位法国商人是玛格丽特王后当年在洛林南锡时认识的朋友。当时玛格丽特王后曾给予过他某种帮助。后来,商人不断来往于苏格兰和弗兰德斯,通过经商赚了很多钱。直到现在,他依然无法忘记玛格丽特王后的恩情,因为他当年的启动资金是从玛格丽特王后那里获得的。因此,当他得知玛格丽特王后资金匮乏后,他立刻资助了玛格丽特王后一大笔钱,以缓解她的经济压力,还安排船只将她和随从一道送往法国。于是,玛格丽特王后带着年轻的王子威尔士亲王爱德华从苏格兰西海岸的柯尔库布里港扬帆出海,为了避免经过多佛海峡,避免被游弋在那里的英格兰军舰拦截,玛格丽特王后选择了一条迂回路线，先横渡了爱尔兰海，穿过了圣乔治海峡，再从那里转道前往法国。

跟随玛格丽特王后的人很多，所以，当她抵达法国时，那个法国商人提供的资金已经消耗殆尽了。此外，玛格丽特王后还发现，她去年派往法国的那三位使者已经离开了法国。

如前所述，那三位忠诚的使者终于获得了自由，之后，他们便设法弄到了一艘船，乘船离开了法国，准备前往苏格兰与玛格丽特王后汇合，用他们所弄到的船只带玛格丽特王后离开苏格兰，将其送到安全地带。他们事先并不知道玛格丽特王后已经乘船前往法国了，而且前往苏格兰的路线是经由英吉利海峡穿越多佛海峡，跟玛格丽特王后来法国的路线不同，所以，在途中，他们与玛格丽特王后搭乘的船只擦肩而过。到达苏格兰后，这三位使者在苏格兰的沿岸徘徊了很久，努力寻找各种机会与玛格丽特王后秘密接头，不过最后，他们却获悉玛格丽特王后已经乘船离开了苏格兰的消息。

与此同时，玛格丽特王后一行人在布列塔尼境内登陆，顺利抵达法国，之后，玛格丽特王后设法从布列塔尼公爵那里借到了一些钱。用这笔钱，玛格丽特王后设法解决了自己这些随行人员的燃眉之急，同时，她也用

第十八章 求助于路易十一

这些钱安排好了接下来的行程,以确保自己能够到达堂兄法王路易十一居住的诺曼。

据说,到达法国宫廷后,玛格丽特王后被获准面见路易十一。那时,她牵着威尔士亲王爱德华的手,匍匐在她堂兄路易十一的脚下,声泪俱下地恳求他,希望他

玛格丽特王后的表兄法王路易十一,绘者信息不详

怜悯自己绝望悲惨的状况,可怜她丈夫亨利六世的窘迫,给她提供一些帮助。然而最是无情帝王家,面对她的请求,路易十一无动于衷。

最后,经过一系列的谈判,路易十一终于同意借给她一笔资金,不过借贷的条件相当苛刻,即她必须将还属于英格兰的港口城市加莱转让给法国,或者到时双倍偿还这笔资金。加莱位于欧洲大陆,是公认的军事重镇,极有战略价值,也是英格兰在欧洲大陆的最后一片领土了。虽然玛格丽特王后的做法并不是直接卖掉加莱,只是拿它来做抵押,然而,当英格兰人民知道这件事之后,他们还是义愤填膺。他们纷纷指责她居然为达目的不择手段,居然心甘情愿地割让无数将士浴血奋战得来的领土,这使得玛格丽特王后进一步失去了人心。

第十九章

重返英格兰

精彩看点

玛格丽特王后的一位支持者——玛格丽特王后回到英格兰——匆忙的逃亡——暴风雨——船只失事——霍利岛——玛格丽特王后安全抵达伯威克——不怕失败的玛格丽特王后——赫克瑟姆之战——亨利六世被俘——亨利六世的替身——打破底线——逃跑——强盗——逃脱——在森林中——突然出现的陌生人——陌生人的立场——洞穴——两天——消息——离开——答谢——慷慨——玛格丽特王后的感激之情——行程——隐藏行迹

玛格丽特王后法国之行的最大收获是得到了皮埃尔·德·布雷泽的支持。皮埃尔·德·布雷泽是诺曼地方政府中的一位高级官员,在当时的社会名流中颇具影响力,更重要的是,这位骑士全力支持玛格丽特王后的宏图伟略。

多年以前,玛格丽特王后就与皮埃尔·德·布雷泽熟识。在玛格丽特王后的联姻谈判中,皮埃尔·德·布雷泽便是法方代表之一。现在,看到可怜的王后形单影只地流亡到了法国,资金匮乏,前途渺茫,皮埃尔·德·布雷泽昔年对玛格丽特王后的感情再次迸发了。有人说皮埃尔·德·布雷泽始终都深爱着玛格丽特王后,虽然我们无法确定这个说法是否可信,但我们可以完全确定这么一点:为了引起更多的同情,玛格丽特王后故意塑造了自己落魄逃亡者的形象。

无论如何，布雷泽立刻热情高涨，热切为玛格丽特王后服务。他率领一支两千人的队伍在玛格丽特王后麾下待命。拥有了这支军队再加上从路易国王那里借贷来的资金，玛格丽特王后决心放手做最后一搏，再次试图恢复自己丈夫的王位。

1462年10月，即玛格丽特王后来到法国五个月后，返航的时刻终于来临了。这一次，玛格丽特王后意气风发地率领一支小型舰队扬帆起航，船上满载着皮埃尔·德·布雷泽提供的两千士兵。为了快速打开局面，他们准备前往英格兰北部登陆，因为在这块区域里，兰开斯特家族拥有更多的支持者。

爱德华四世也探听到了玛格丽特王后的计划，便命一支舰队在海上四处游弋，监视玛格丽特王后的动向，随时准备拦截她。不过，玛格丽特王后还是想方设法地躲开了这支舰队，安全抵达了英格兰海岸。

但是，就在玛格丽特王后的舰队试图在泰恩茅斯登陆时，岸上堡垒的枪炮一起对准了她，禁止她上岸。玛格丽特王后虽然设法在海岸线上的其他地点成功登陆了，但不久就受到了严重的威胁。他们得知，沃里克伯爵正率领一支大军昼夜赶来，准备攻击他们。听说这

战斗中的沃里克伯爵。亨利·特雷瑟姆(1751—1814)绘于 1797 年

个消息后,那些法国士兵立刻逃回了他们来时乘坐的战舰上,只有玛格丽特王后、威尔士亲王爱德华、皮埃尔·德·布雷泽以及少数忠勇之士还留在岸上。在这种孤立无援的情况下,玛格丽特王后跟自己的支持者们只能被迫撤退。他们当时唯一能利用的交通工具就是一艘渔夫的渔船,所以他们只得搭乘这艘渔船艰难前行,赶往伯威克——当时的伯威克尚在玛格丽特王后支持者的手中。

可是,前往伯威克途中,他们遭遇了一场暴风雨。这场暴风雨不仅延误了他们的行程,而且还摧毁了法国士兵逃离时所乘坐的战舰。逃跑的法国士兵驾驶着船只航行到了泰恩茅斯和伯威克海岸的悬崖峭壁之间,因为暴风雨的缘故,船只被冲到了海岸沿线的礁石或者多岩石的岛屿间。这些船只被海浪从海面上卷起,摔在岩石上,摔成了碎片。虽然绝大多数士兵得以自救,设法逃到了临近的霍利岛上,但船上装载的物品——玛格丽特王后从法国带来的武器弹药——统统化为乌有,而这些几乎是她发动战争、复辟王位的唯一依赖。后来,那些逃到霍利岛的士兵也难逃厄运,爱德华四世的部队很快便包围了他们。最终,这支法国军队全军覆没。

虽然玛格丽特王后一行人乘坐渔船到达了伯威克,

第十九章 重返英格兰

但因为这些可怕的消息,她与她的支持者们都陷入了深深的绝望之中。不过玛格丽特王后天生就不是一个会沉浸在绝望之中的人,灾难带来的压力越大,对手加之于她的敌意越强,她胸中抵抗的斗志就会越激烈、越坚定。此刻,虽然她们几乎山穷水尽,但她仍然没有屈服,更没有沮丧和消沉。

不仅如此,她还立刻采取了措施,准备重新组建新的武装力量。她的热情鼓舞了身边的人,让他们重拾了信心,最后,冬天的时候,新的军队组建成功了。第二年初春,这支军队开赴战场,不断地攻城略地,在苏格兰和英格兰的边境线上打响了一系列小规模的战役。最终,爱德华四世一方和玛格丽特王后一方的军队在赫克瑟姆扎营对阵,随后又是一场大战。

这场战斗中,玛格丽特王后的军队被彻底击败。国王亨利六世也参与了此战,在战场上几乎九死一生。战败时,他骑在马背上逃跑——以前身体健康的时候,亨利六世也称得上是一个优秀的骑士——追兵则如影随形,情况危急,亨利六世的三个御前侍卫都被俘虏了。据史料记载,一位忠于亨利六世的官员戴着他的王冠冒充国王,引开了追兵,使得他得以逃出生天。

赫克瑟姆大捷后,爱德华四世的军队立刻闯入了玛

逃亡中的国王亨利六世。威廉·戴斯(1806—1864)绘于 1860 年

第十九章 重返英格兰

格丽特王后大军的军营。当时,玛格丽特王后和威尔士亲王爱德华正在帐中等待着战役的结果。发现敌军冲进营帐后,玛格丽特王后几乎吓得半死,她立刻拉起威尔士亲王爱德华,带着他一起逃进了附近的树林里。她深知,一旦敌军俘虏了威尔士亲王爱德华,他们必定会残忍地杀害他。事实上,在此前的一年里,双方的对抗日趋激烈,使用的手段也更加残忍,几乎达到了无所不用其极的地步。如果玛格丽特王后真的继续留在帐篷中的话,当爱德华四世的士兵冲进他们的营帐时,她和她的儿子威尔士亲王爱德华极有可能被当场杀害。

逃进森林后,玛格丽特王后专门挑选最荒僻的路径前行。那个时候,她一心想摆脱追兵,除此之外,她根本没心思想别的东西。不过,在逃跑的过程中,她总觉得身后有追兵紧随其后,而且那些追兵还近在咫尺。就这样,玛格丽特王后逃了一段时间,突然,她在森林中遭遇了一帮人。这些人可能是强盗,也可能只是普通民众。可是,看到玛格丽特王后和威尔士亲王爱德华后,看到他们华贵的服饰以及他们佩戴的珠宝后,他们立刻抢劫了这两个陌生人。

不过,刚刚抢劫完,因为分赃不公,这群强盗就开始互相争执起来。那时,玛格丽特王后仍然站在他们附近,虽然她处于极端焦虑的状态之中,但即使到了此刻,她仍旧在时刻留意,寻找有利时机以逃脱险境。不久之后她真的抓住了一个时机,将威尔士亲王爱德华抱在怀里,悄悄地溜进了临近的灌木丛中。

之后,玛格丽特王后以最快的速度继续向前跑,直到她认为自己已经摆脱了那群强盗。接着,她便开始在密集的林间寻找藏身之地,打算先在里面藏到深夜。休息时,她一直都在盘算着如何继续前进,如何在森林中辨认方向,如何找到某位支持者的堡垒寻找庇护。

此后的一段时间里,玛格丽特王后一直待在自己的藏身之所。经过短暂的休息后,她终于稍稍恢复了一点体力。夜幕降临后,玛格丽特王后拉着威尔士亲王爱德华的手,再次回到那条小路上。那一夜月光皎洁,足以辨认前进的方向。

艰难跋涉了一段时间后,月光下,玛格丽特王后身前不远处的小路上突然冒出了一个陌生的男子,母子二人吓了一跳。那个突然出现在她面前的人身材高大,手里还拿着武器。当时,玛格丽特王后认为自己再次遇到了强盗,虽然她试图逃跑,但为时已晚,他们距离很近,对方绝不会给予她任何逃跑的机会。不过,即便是到了这种山穷水尽的极端状况下,玛格丽特王后还是想出了

第十九章 重返英格兰

一个主意。她认为此人的慷慨是她最后的希望也是唯一的希望，因此，她牵着威尔士亲王爱德华的手，大胆地朝对方走过去，之后，她开口说道："我的朋友，这是你们国王的儿子！救救他吧！"

那人显然非常惊讶，有那么一阵子，他还把自己的剑放在玛格丽特王后的脚下以示臣服。随后，他便提议说他准备带玛格丽特王后和威尔士亲王爱德华去一个安全的地方。同时，他也向玛格丽特王后解释了自己的立场——他支持国王亨利六世和玛格丽特王后，阐述了自己的经历——由于战争，他被逐出家园，与玛格丽特王后一样，他也是一个流亡者。作为一个化外之民，他不得不在森林中找一眼洞穴，与妻子一起生活在那里。他带着玛格丽特王后和小王子威尔士亲王爱德华来到了一处山洞里，他的妻子友好地接待了他们。尽管那个山洞阴暗潮湿，毫不舒适，能提供的招待也极为有限，但这对夫妻还是殷勤有礼地尽力招待自己的客人。玛格丽特王后在这个山洞里待了两天。

在这两天里，她特别想知道她丈夫亨利六世的消息，想知道那些战役中战败的贵族和将军们的命运。虽然山洞的主人也帮助她多方秘密打探消息，但他得到的消息很少，根本无法满足玛格丽特王后的需要。第三天的早晨，山洞的主人带来了两个人，他们分别是皮埃尔·德·布雷泽和巴尔维尔。巴尔维尔是一位英格兰绅士，在此前的战斗中，他与皮埃尔·德·布雷泽一样有幸死里逃生，从那时起，他就一直跟在皮埃尔·德·布雷泽身边，四处寻找玛格丽特王后。

再次见到皮埃尔·德·布雷泽后，玛格丽特王后自然是喜不自胜，然而在听完他们所描述的情况后，尤其是她那些支持者们的惨状之后，她的喜悦之情就化为深深的悲伤。从他们那里，玛格丽特王后得知：战斗过后，她的一部分支持者当场壮烈阵亡，另一部分人则被俘虏，之后被处以极刑；国王亨利六世已经安全逃离战场，或许现在已经到达了安全的地界，甚至已经成功抵达了苏格兰。最后这个消息给了玛格丽特王后极大的安慰。

一番商议后，他们决定：跟随皮埃尔·德·布雷泽一起来山洞的巴尔维尔去邻近的村庄打探新的消息；山洞的主人则带着皮埃尔·德·布雷泽四处走动，看是否能打探到一些新的消息。不久之后，他们就陆续回到了洞穴里，不仅如此，这次出去，他们还带回了几位支持玛格丽特王后的贵族。看到自己这一方的力量在不断增强，玛格丽特王后深感欣慰。

很快，玛格丽特王后便决定和所有的支持者们一起

第十九章 重返英格兰

离开洞穴,赶往苏格兰的边境。从直线距离上来说,他们所待的地方距离苏格兰边境不到30英里。

离开山洞之前,玛格丽特王后特意向洞穴的主人——那个陌生男子——和他的妻子表达了最诚挚的谢意,感谢他们善意地接待了自己和自己的儿子,还为他们付出了这么多。为了接待他们,洞穴的主人不仅承担了很大的经济压力和生活压力,而且在很大程度上,他还需要承担窝藏逃犯的巨大风险。玛格丽特王后在森林里遭到了强盗的劫掠,身无长物,所以临别之际,她只能向他们口头表示感谢。跟随玛格丽特王后的一位贵族准备给女主人一些钱,然而那位女主人却谢绝了他的好意。她说:"在你们顺利到达苏格兰之前,你们还要负担自己的日常所需,所以现在,能节省一点儿是一点儿吧。"

他们的慷慨大度深深地感动了玛格丽特王后,她说:"虽然我失去了一切,但上帝依然如此善待我,有此,我此生无憾矣。"

离开赫克瑟姆的森林后,玛格丽特王后一行人并未继续北上,而是一路西行来到了卡莱尔,他们打算取道水路,从卡莱尔穿过索尔维,直至柯尔库布里——此前,玛格丽特王后就是这个港口出发前往法国的。整个行程中,为了避免被爱德华四世的人发现,他们被迫采取了

玛格丽特王后

许多预防措施。后来，在熟悉此地路线的洞穴主人的带领下，他们一行人终于安全抵达了卡莱尔，在那里搭上了一艘轮船，沿弗斯河而下，在柯尔库布里登陆。

虽然已经顺利离开了英格兰，但玛格丽特王后并没有感到轻松多少。玛格丽特王后离开苏格兰前往法国的这段时间内，为了阻止苏格兰国王公开在苏格兰境内庇护玛格丽特王后，爱德华四世和苏格兰国王签署了一项条约。因此，为了安全起见，玛格丽特王后不得不深居简出，小心地隐藏自己的行踪。

早期的卡莱尔

第二十章

流亡岁月

精彩看点

玛格丽特王后被发现——玛格丽特王后一众被捕——皮埃尔·德·布雷泽的功劳——搁浅——登陆——村庄——爱丁堡方面的态度——玛格丽特王后到达班伯勒——暴风雨——勃艮第公爵——慷慨的勃艮第公爵——勒内国王的感激——玛格丽特王后前去洛林

在柯尔库布里还没有逗留多久，玛格丽特王后的行踪便暴露了。

原来，一次偶然间，一个认识她的人发现了她。此人名叫科尔，是支持约克公爵一派——或者说爱德华四世一派——的英格兰人。发现玛格丽特王后的踪迹后，他先是隐忍不发，但下定了决心，一定要将玛格丽特王后一派一网打尽，将他们押送至英格兰，交给爱德华四世。随后，他设法开始实施自己的计划，并成功抓住了皮埃尔·德·布雷泽，之后，玛格丽特王后和小王子威尔士亲王爱德华也一一落入他的罗网之中。成功抓到玛格丽特王后一行人后，他趁夜将这些人全部押送上船。为了避免他们反抗，他将他们五花大绑起来。为了避免他们出声呼救，他又堵住了他们的嘴。被抓时，皮埃尔·德·布雷泽并没有与玛格丽特王后待在一起，而且他们被押送上船时又是漆黑的夜晚，还被堵住了嘴巴不能说话，直到天色大亮，他们才发现其他人也在船上，而那时，船只已经行驶在索尔维湾的茫茫水面上。

当天夜里，皮埃尔·德·布雷泽还是设法挣脱了自己的束缚，解救了自己的同伴。做这一切时，他并没惊动船夫。第二天早晨，他看准机会，和他的同伴一起攻击了船夫，夺过他们的船桨。经过一番激烈的搏斗之后，他们终于成功杀死了一些船夫，还将剩余的人都抛下了船。之后，他们立刻解救了玛格丽特王后和小王子威尔士亲王爱德华，并试图让小船靠岸。

在索尔威海湾的海浪中颠簸了一段时间后，小船被风吹着穿过了北部海峡，最终搁浅在距其约六十英里的坎泰尔海岸附近的一处沙滩上。

船只搁浅之处距离干燥的陆地尚有一段距离，而且那里的海浪很猛，极有可能将人再次卷入海中，或者使其撞在岩石上。为了避免危险，皮埃尔·德·布雷泽只好把玛格丽特王后放在肩膀上，扛着她艰难地涉水来到岸边，而皮埃尔·德·布雷泽的同伴巴尔维尔也以同样的方式把小王子威尔士亲王爱德华带到了岸边。就这样，他们再一次安全登陆了。登陆后，他们发现这一带荒凉

第二十章 流亡岁月

贫瘠，几乎没有人烟。虽然如此，但它至少有一个优点，即人烟稀少，几乎不可能有人认出玛格丽特王后。

登陆之后，他们继续前进了一段距离，来到了一个小村庄。他们决定让玛格丽特王后和小王子威尔士亲王爱德华留在那里，而皮埃尔·德·布雷泽则前去爱丁堡探听一下苏格兰和英格兰当前的状况，以便于帮助玛格丽特王后制定下一步的行动计划。

皮埃尔·德·布雷泽带回的消息一点都不容乐观。不过，在听完皮埃尔·德·布雷泽带回的消息后，玛格丽特王后还是决定亲自去爱丁堡看一看。到达爱丁堡后，她发现当地政府真的不愿意为她提供任何帮助。他们表示，如果玛格丽特王后愿意安静地回到英格兰的话，而且她回去的目的也只是向她的一些支持者寻求庇护的话，那么他们可以为她提供资助。

就这样，玛格丽特王后又回到了英格兰，在班伯勒城堡待了一段时间——当时该城堡还在她的支持者们的手中。玛格丽特王后还试图召集自己那些分散的支持者们，组建新的联盟，但最后，她发现这几乎是一个不可能完成的目标。转目四望，她希望从外部寻求新的帮助，可是，英格兰、苏格兰和法国都很难再支持他了。最终，她决定穿过北海，前往弗兰德斯，想去那里寻求帮助。

玛格丽特王后

于是,在二百多随从的陪伴下,玛格丽特王后一行人在班伯勒登上了两艘大船。出海不久,他们就遭遇了一场暴风雨,两艘船被吹散了。那一天里,玛格丽特王后和小王子威尔士亲王爱德华乘坐的那艘船随时都有可能船毁人亡。后来,大风转为飓风,人们都不再抱有任何生还的希望了。

然而最终,飓风还是平息了下来,玛格丽特王后乘坐的船只有惊无险地靠岸了,不过这艘船停泊的港口并不是他们预定中的目的地。这个港口位于勃艮第公爵的领地,而玛格丽特王后和勃艮第公爵可谓是世仇。当玛格丽特王后发现自己居然进入了敌人的领地时,她非常惊慌。

但出乎玛格丽特王后预料的是,听说她来到了自己的领地后,勃艮第公爵居然以最慷慨的方式接待了她——他不仅放下了他对玛格丽特王后曾经的敌意,还同情起她的不幸遭遇来。虽然玛格丽特王后到达勃艮第时,勃艮第公爵并不在首府里尔,但他还是派自己的儿子专程前去迎接玛格丽特王后,以最尊贵的礼仪接待她,并一路护送她来到了勃艮第首府。随后,当玛格丽特王后去拜见勃艮第公爵时,他还专门安排了一位宫廷仪仗官引导她进来。当时勃艮第公爵在圣波尔宫,到达那里

勃艮第公爵菲利普是当时著名的贵族、骑士,他骁勇善战,战功卓著。图为一次战斗中的勃艮第公爵。尤金·伯南德(1850—1921)绘于1894年时，玛格丽特王后受到了隆重的接待。为尽地主之谊，勃艮第公爵还准备了盛大的娱乐活动和庆祝活动。

在勃艮第公爵的资助下，玛格丽特王后得以继续她的行程，最终回到了自己童年时代的家园洛林。之后，在凡尔登的一座城堡里，她的父亲勒内国王为她准备了一个简陋的避难之所。之后的七年里，玛格丽特王后一直生活在那里，过着与世隔绝的生活。

七年中，玛格丽特王后不得不忍受着与丈夫亨利六世的分离之苦——有相当长的一段时间里，她甚至不知道丈夫的音讯。这段时间里，在英格兰，亨利六世过着危机四伏的流浪生活，不断从一个藏身之所转移到下一个躲避之地，只要哪位支持者能够给他提供最为便利的庇护，他就去哪里。在凡尔登生活时，玛格丽特王后得知了这么一个沉重的消息：某个收容亨利六世的城堡主人出卖了这位流亡国王，让他落入了爱德华四世之手；随后，爱德华四世的人更是将其当做囚犯押往伦敦。

第二十一章

与沃里克伯爵和解

精彩看点

1469年——好消息——沃里克伯爵离开英格兰——路易十一的应对——沃里克伯爵提出和解——玛格丽特王后的考虑——沃里克伯爵的承诺——法王路易十一介入——新的建议——联姻——誓言——订婚——沃里克伯爵出征——捷报——玛格丽特王后决定重返英格兰

1469 年的秋天，玛格丽特王后接到了英格兰王国传来的消息：英格兰王国内反对爱德华四世的势力大增，而且爱德华四世的许多支持者都离开了他；此消彼长之下，支持兰开斯特家族的人逐渐多了起来。听到这些消息后，玛格丽特王后的心里再次充满了希望。

　　跟这个变化联系最紧密、最重要的一个情况是关于沃里克伯爵的，也就是那位了不起的"造王者"。沃里克伯爵曾经是约克公爵一派最强大的支持者，在整个内战期间，他也是玛格丽特王后和国王亨利六世最头疼的敌人。可是现在，他却离开了爱德华四世，离开了英格兰，来到了法国，打算投靠玛格丽特王后。

　　当然了，听闻这些消息后，法国上下也都兴奋不已，法王路易十一也特别高兴。得知这些消息后，玛格丽特

玛格丽特王后

王后的心中燃起了无尽的希望：也许她真的能够恢复自己丈夫国王亨利六世的王位呢，也许她真能偿还她之前从路易十一国王那里借贷的款项呢，或者说她真的能够做主将加莱抵押给法国呢。

为了确定接下来的行动策略，法王路易十一专门在图尔召开了一次会议。法王路易十一派人去请了在凡尔登的玛格丽特王后和她的儿子威尔士亲王爱德华；不仅如此，法王路易十一还派人请来了玛格丽特王后的父亲勒内国王，以及其他一些颇具影响力的贵族。据说，在图尔遇见自己的父亲勒内国王时，玛格丽特王后紧紧拥抱着父亲，因过度的兴奋和快乐而泪如雨下。

当沃里克伯爵来到图尔后，法王路易十一亲自将他介绍给了玛格丽特王后。开始的时候，玛格丽特王后根本不能接受任何与沃里克伯爵和解的想法。玛格丽特王后拒绝与沃里克伯爵见面，即使见到了也不会说一句话。玛格丽特王后曾说过："我永远都不会原谅这个人的，他既是造成我丈夫失去英格兰王位的罪魁祸首，也是造成我和我儿子今天面临的一切悲痛和灾难的源头。"

另外，玛格丽特王后还表示："与沃里克伯爵结盟根本得不偿失，即使我愿意原谅他加之于我的那些不可饶恕的罪恶，鉴于他曾经严重地伤害了那些支持我们的

第二十一章 跟沃里克伯爵和解

人,他们也绝不愿意原谅他。长久以来,他们一直都把沃里克伯爵看作是最邪恶的死敌,一旦他们知道我竟然把沃里克伯爵引为心腹的话,他们就会疏远我。"

沃里克伯爵也尽量回答了玛格丽特王后的这些问题,他说自己也受到了兰开斯特家族的伤害,以此来解释自己曾经的敌意。另外,他还说,他的存在令爱德华四世极为不安,因为他掌握的力量足以左右英格兰的王位继承。最后,他还承诺说,如果玛格丽特王后接纳了他的话,那么从此以后,只要他在世一日,他就会忠心耿耿为玛格丽特王后和亨利六世服务。他说:"当年我对爱德华四世国王有多么忠心,现在我就有多么恨他。"同时,他还恳求法王路易十一做自己的见证人,确保他一定会忠实地执行自己的这些承诺。

法王路易十一表示自己很乐意充当沃里克伯爵的见证人,并劝玛格丽特王后一定要原谅沃里克伯爵,希望她能看在自己的薄面上,看在自己对沃里克伯爵甚为宠爱的份上接纳沃里克伯爵。路易十一还补充说,虽然身边有这么多人,但他只愿意做沃里克伯爵的见证人。

最后,玛格丽特王后终于被说服了,她原谅并接纳了沃里克伯爵。跟随沃里克伯爵一同来到法国的还有其他几位英格兰贵族,玛格丽特王后也同时原谅并接纳了他们。之后，所有人一起出发，沿卢瓦尔河而下，来到了昂热，沃里克伯爵的妻子沃里克伯爵夫人和他们的小女儿安妮正在那里等待着他们。在那里，伯爵夫人和安妮也被正式地介绍给玛格丽特王后，并且不久之后，法王路易十一就大胆地提出让玛格丽特王后的儿子威尔士亲王爱德华和沃里克伯爵的小女儿安妮联姻。

听到这个提议时，玛格丽特王后特别惊讶，但随即，她就充满鄙夷地断然拒绝了这个建议。她表示，无论是对她自己而言，还是对自己的儿子而言，在这场联姻中，她既看不到任何荣耀，也挖掘不到任何利益。然而，在接下来的两周里，人们从各方面分析利弊，试图说服她，向她毕陈了这次联姻的好处，以及她跟沃里克伯爵结盟后将会获得多大的援助，而这将增大她的丈夫国王亨利六世复辟的可能性。最后，在玛格丽特王后的父亲勒内国王的劝说下，玛格丽特王后终于决定同意这次联姻。

最终，在法王路易十一的斡旋下，法王路易十一、玛格丽特王后和沃里克伯爵在昂热大教堂联合举行了一场隆重的宗教仪式，为他们之间订立的各项盟约和协议盖章。现在，这些协议将他们紧密地联系在一起了。

昂热大教堂的诸多遗迹中，有一片十字架的碎片，人们认为这碎片是当年耶稣基督受刑时的那个十字架的

昂热位于法国西部,是一座历史悠久的城市。图为15世纪的昂热

碎片。因此，这片碎片广受尊崇，当时的人普遍认为，对着它发下的盟誓就会成为最神圣的诺言。最后，三方均在这件圣物之前依次发下誓言：

沃里克伯爵宣誓说："我将永远忠于兰开斯特家族，以一个忠心耿耿的臣子侍奉自己君主时应有的那份虔诚来侍奉国王亨利六世、玛格丽特王后和威尔士亲王爱德华。"

法王路易十一宣誓说："在英格兰王国的王位争夺战中，我一定会尽自己最大的努力帮助和支持玛格丽特王后和沃里克伯爵。"

玛格丽特王后宣誓说："我将会视沃里克伯爵为真正忠于国王亨利六世和威尔士亲王爱德华的臣子，他曾经的所作所为不会给他招来任何责备。"

此外，当时在场的各方还就威尔士亲王爱德华与沃里克伯爵的女儿安妮的联姻达成如下协议：沃里克伯爵的女儿安妮作为王子的未婚妻，在双方完婚之前，应该送到玛格丽特王后处，交由王后照管；沃里克伯爵进入英格兰，恢复国王亨利六世的王位之前，或者说至少在为国王亨利六世夺回绝大部分疆土之前，双方不会完婚。这样一来，威尔士亲王爱德华跟沃里克伯爵的女儿安妮能否顺利完婚完全取决于沃里克伯爵的战功，完全取决于他能否成功为国王亨利六世夺回王冠。

沃里克伯爵宣誓效忠玛格丽特王后

玛格丽特王后

数天之后，在昂热，法王路易十一为威尔士亲王爱德华和他的未婚妻安妮举行了订婚仪式以及盛大的游行。随后，沃里克伯爵夫人和他们的女儿安妮便留在玛格丽特王后处，沃里克伯爵自己则亲率法王路易十一为他召集的两千士兵，出发前往英格兰。

沃里克伯爵离开后，玛格丽特王后仍然在昂热停留了数周，之后，她便由仪仗队护送着前往巴黎。到达巴黎后不久，沃里克伯爵便送来了捷报：他们已经成功在英格兰登陆，并成功废黜了爱德华四世国王，将国王亨利六世从从伦敦塔的软禁中释放了出来，帮助他重登王位，圆满完成了既定任务。听到这个消息后，玛格丽特王后决定立刻重返英格兰。

第二十二章

苦涩的失败

精彩看点

返回英格兰的准备——阿弗勒——逆风推迟出航——玛格丽特王后的决心——玛格丽特王后的担心——抵达英格兰——登陆——战报——亨利六世再次被俘——绝望的玛格丽特王后——安全问题——比尤利修道院——可怜的玛格丽特王后

玛格丽特王后和随行人员为返回英格兰做了相应的准备，但这些准备工作似乎耗费了好几个月的时间，因为早在11月他们以盛大的方式进入巴黎时，就收到了亨利六世复辟的消息。不过，直到来年2月他们才准备乘船出发。他们需要完成谈判，招募人员，购买船舰，筹集资金，决定任命，数不清的礼节问题需要考虑，需要安排。最终万事俱备，全体随行人员一起出发来到预先选择好的出海的港口——阿弗勒。阿弗勒坐落在诺曼底海岸线上，离现在的勒阿弗尔港不远。

当预定启航的时间到来后，天气状况却看起来不适宜出海。玛格丽特因自己返回的行程被延迟了这么久而再也无法忍受任何的拖延。她急不可耐地准备再次踏上自己国家的土地，因此命令舰队立刻出海。然而，启航了三次，三次都被大风大浪吹回了港口。面对这些挫折，她的很多朋友都深感气馁。一些人表示，他们认为这些对王后计划持续的干扰因素应当被看作神圣上帝的一个昭示——她目前不该前去英格兰。他们恳请她推迟出海计划。其他一些人认为逆风一定有巫师作法，应想方设法找出巫师。

　　对于这两派的建议玛格丽特王后充耳不闻，决定坚持自己的初衷，在天气许可的情况下，第一时间扬帆出海。这种延迟对她来说极其不便，额外增加了大笔开支。因为除了她自己的军官和服务人员随行之外，为了给沃里克伯爵和亨利六世增援，她还招募了大批的士兵，他们都会随自己穿过英吉利海峡。她这么做相当有必要，因为虽然亨利六世名义上已经复辟，但他的敌人的军事力量依然壮大。玛格丽特王后非常渴望在自己的帮助下彻底打败敌人。事实上，她也深知丈夫的处境风雨飘摇，危机四伏，同时战争的天平很可能会在任何时刻发生逆转。出于这些考虑，她对在阿弗勒由于天气原因引起的延误才会极不耐烦。她只知道，亨利六世很可能已经跟敌人爆发了冲突，甚至大败了。现在她麾下的军队经过这么久的迟误，极有可能太晚来不及救亨利六世了。

　　唉，可怜的玛格丽特！事实上，情况正是如此。

第二十二章 苦涩的失败

直到3月24日，玛格丽特王后一行才得以离开港口。尽管当时的天气远谈不上风平浪静，但她决心不再等待。从前，沃里克伯爵去英格兰时，伯爵夫人留在了法国，现在她随玛格丽特王后离开了阿弗勒港，只不过没乘同一艘船。与玛格丽特王后乘同一艘船是她的女儿。

舰队启航后，天气状况依旧异常恶劣。从北方吹来的大风极猛烈，舰队几乎无法前进，不得不抛锚停泊等待风向改变。这个过程持续了两周。其间，玛格丽特王后一直处于极端的急躁和焦虑之中。

最后，大约是在4月10日，他们一行终于在韦茅斯登陆。

舰队进入港口后，又花费了一两天的时间为登陆做准备。这些准备工作包括为接待玛格丽特王后及其随行人员，在韦茅斯附近的一个修道院为他们准备公寓，与此同时，已经成功登陆的军队立刻以最快的速度前进。

沃里克伯爵夫人乘坐的船与玛格丽特王后的舰队沿不同的方向前进，因此她目前的状况尚不可知。

一切准备工作都完成后，玛格丽特王后和随行人员这才登岸，在修道院安顿了下来。不过，玛格丽特王后的注意力完全集中在紧张而必要的安排上。她任命将军，让他们做好一切援助沃里克伯爵的准备，直到她突然接到前线战报。这令她惊愕不已。接到消息时正好是她入住修道院的第二天。据悉,爱德华五世的支持者集结了大军朝伦敦推进。战斗在距伦敦数英里之外的一个叫巴奈特的地方打响,而爱德华四世的军队在此战中大获全胜。

沃里克伯爵在激战中阵亡,她的丈夫亨利六世再次被俘。他们的事业似乎完全失败了。

据说,为了更有效地激励士气,沃里克伯爵亲自徒步参加战斗,结果他的军队被击败并开始溃逃时,他被沉重的盔甲所牵绊,无法自救,最终被残酷的敌人俘虏并杀死。

这条消息在玛格丽特王后心中激起的可怕焦虑和痛苦是无法形容的。起初,她昏厥过去。当终于恢复意识后,她那么失望、烦恼和愤怒,狂乱地、毫无条理地说着胡话。朋友们几乎都担心她会失去理智。她的儿子,年轻的亲王,现在快19岁了。她竭尽所能抚慰她,使她平静下来,最终成功地将她的注意力转移到一个问题上,即现在她需要考虑采取什么措施来保障大家的安全。仍旧待在现在的地方无异于自曝行踪,随时会遭到爱德华五世胜利之师的攻击,成为伦敦塔中的俘虏。

距离玛格丽特王后现在所居住的修道院不是特别远的地方还有一座修道院,那里被赋予了某种特权可以作

沃里克伯爵在巴内特之战中的最后时刻。约翰·亚当·休斯顿（1812—1884）绘于 1872 年

玛格丽特王后

为避难所,也就是说在某些情况下有人在那里寻求庇护,可以免于被俘。这处避难所就是比尤利修道院。玛格丽特王后立即带着王子和几乎所有随从穿过田野赶往那里。或者是她刚刚到达那里,或者是她还尚在途中,她就遇到了沃里克伯爵夫人。我们一定能够回忆起来,伯爵夫人跟王后几乎同时离开阿弗勒港,但她的船航行到更远的东部,最终在朴茨茅斯登陆。她也获悉了巴奈特战役的消息以及自己丈夫战死沙场的噩耗。噩耗打倒了她,同时她也意识到自己面临的安全问题,于是决定逃到比尤利修道院寻求庇护。

这两个不幸的女人三周前在阿弗勒港分开时还满怀美好的期盼,此刻相逢却沉浸在深沉的悲痛之中。她们的希望被现实击得粉碎,她们的光明前景完全被摧毁。她们发现已经陷入孤苦无助的境地,沦为可怜的流亡者,此刻为了争取活命的一线生机,不得不依靠比尤利修道院的庇护。

威尔士亲王爱德华与亨利六世先后惨死

精彩看点

玛格丽特王后的做法——玛格丽特王后的状态——人们的想法——玛格丽特王后的牵挂——人们的劝说——玛格丽特王后的观点——威尔士亲王爱德华——巴斯——布里斯托尔——塞汶河——继续急行军——爱德华四世的大军——一意孤行的萨默塞特公爵——准备战斗——母亲的担忧——萨默塞特公爵的行为——恐慌和逃跑——玛格丽特王后的恐惧——威尔士亲王爱德华之死——玛格丽特王后收到噩耗——爱德华四世班师——亨利六世之死——希望完全破灭

玛格丽特王后并没有把自己的安全完全托付给避难所的神圣庇护。她竭尽所能，尽量只让少数经过选择的、最值得信赖的朋友知道自己的藏身之处。但很快就有一些朋友前来拜访她，特别是一些年轻的贵族。由于他们的朋友和亲戚在此次战役中被杀死，他们满怀愤慨和怨恨。

然而，他们发现玛格丽特王后的心理状态跟他们完全不同。她开始悲观气馁。这么多年来屡战屡败的经历和一次次持久苦涩的失望终于累积到了峰值，看起来要破坏甚至摧毁她的决心。朋友们来看望她时，发现她变得麻木不仁，不可自拔，很难再唤醒她的斗志。

最后，在他们的苦劝下，她从意气消沉中解脱出来，开始打起了精神。目前她唯一挂心的似乎就是自己儿子的安全。她恳求甚至乞求他们采取有效措施来保护他。他

玛格丽特王后

们努力说服她,希望她明白她的处境并不像她自己想象的那么悲观绝望。他们表示自己一方依然还有强大的武装力量。军队正在集结。一旦她和年轻的王子出现在他们的营地,士兵的数量和热情将会迅速增加。如果获得比以往更有利的支持,这些士兵可能很快就能再次上战场。

但玛格丽特王后似乎不同意他们的观点。她表示任何进一步的努力都毫无意义。他们还没有强大到足以在战场上打败敌人,再起纷争只会一无所获,徒增新的灾难。对于自己和年轻的王子以及许多与他们同呼吸、共命运的人来说,目前什么都做不了,最好的选择就是尽快回到法国,等待时机。

但年轻的王子并不愿意采纳这个计划。他风华正茂,满怀信心和希望,因此他跟那些贵族们采取了同一立场,敦促母亲同意再次开战。他的影响占了上风,而玛格丽特王后虽然极不情愿,也看到了许多不祥之兆,但最终还是屈从了。

她离开了避难所,与王子一起被秘密护送到北部,前去跟那里的军队会合。威尔士边界的英格兰西部各郡县一向都非常支持亨利六世,当人们得知玛格丽特王后和年轻的王子到来后,正如那些贵族所预测的那样,他们蜂拥而至,纷纷应征。很短的时间内,一支大军就集

第二十三章 威尔士亲王爱德华与亨利六世先后惨死

结完毕,随时可以开赴战场。

这时,玛格丽特王后正在巴斯。她很快就听说爱德华四世率领大军从伦敦前来对付自己。她认为,自己军队的力量尚未强大到与爱德华四世一决雌雄的地步。因此她计划先穿过塞汶河进入威尔士境内,去召集更多的军队,等待时机。

于是,玛格丽特王后只好离开巴斯去了布里斯托尔。布里斯托尔坐落在塞汶河畔。河面非常宽阔,无法渡河。塞汶河上游的格洛斯特有座桥,距布里斯托尔不到四十英里。因此她再次出发前往格洛斯特,打算从那里渡河。然而,到达之后,她才发现格洛斯特桥守卫森严。格洛斯特公爵帐下的一名军官负责防守,而格洛斯特公爵是爱德华四世的支持者。这名军官表示,除非接到自己主人命令,否则拒绝让玛格丽特王后通过大桥。

现在强行过桥似乎难以应急,因此玛格丽特王后就沿河而上,试图找到其他适合的渡河地点进入威尔士。整个行程中,玛格丽特王后都很焦虑,因为爱德华四世的军队正赶来,她随时面临被拦截的危险。于是,她敦促军队克服万难,一路疾行。一天之内,她率军急行三十七英里来到图克斯伯里。图克斯伯里是个小镇,坐落在格洛斯特和伍斯特之间。这时,她发现爱德华四世已经率

格洛斯特位于英格兰西部,是一座历史悠久的城市。图为16世纪的格洛斯特,出自一份印刷

玛格丽特王后在图斯克斯伯里。约翰·吉尔伯特（1817—1897）绘于1875年

领大军先行抵达，并在一英里外拉开战线，准备战斗。

现在玛格丽特王后还有机会渡河，进入威尔士境内进行短暂的休整。她自己非常渴望这样做，但随行的年轻贵族们都不同意临阵退缩，特别是他们的首领萨默塞特公爵，他本就是一个崇尚暴力、急躁冒进的年轻人。他宣布自己不会再后退半步。

"我们就在这里战斗，"他宣称，"接受上帝赐予我们的命运吧。"

接着，他就在小镇上安营扎寨，挖了壕沟。不少将军都强烈反对他的计划，但萨默塞特公爵是三军统帅，坚持按照自己的方式做事。他的朋友和追随者暴露在危险中该怎么办？他没有做出任何部署来预防。他亲自指挥前军。年轻的王子也被委以重任，在一些年龄稍长、经验丰富的将军辅佐下，负责防守一个要地。万事俱备了，玛格丽特王后与王子骑在马上检阅部队，说了一些鼓舞士气的话，并承诺一旦取胜就会重赏。

随着敌军迫近，战斗即将打响。玛格丽特王后既焦虑又不安。过去她经常将最亲密的朋友放在危险的战场上，现在她第一次把最珍爱的儿子置于如此危险的境地。她被迫做出这样的决定，这在很大程度上违背了她的意愿。

战斗开始的时候，玛格丽特王后来到一处高地上，

第二十三章 威尔士亲王爱德华与亨利六世先后惨死

在这里她可以观察战局。有那么一段时间,她的军队在壕沟内处于守势,但萨默塞特公爵感到极不耐烦,决定进入开阔地带击敌。

萨默塞特公爵命令将士们跟上,然后他就冲出了壕沟。有些服从了他的指挥,有些则没有。过了一会儿,他再次返回壕沟,显然是为了召唤那些仍旧留在原地的人,让他们为违抗他的命令而负责任。他发现其中一个将军——文洛克勋爵正悠闲地骑着马,到处溜达。萨默塞特立即谴责他是叛徒,接着骑马冲向他,用战斧劈开了他的脑袋。

文洛克勋爵的士兵看到他被无情地杀害,立刻就四散奔逃。他们的逃离引发了恐慌,这种恐慌迅速蔓延到了其他队伍。不久,整个战场就彻底陷入了混乱。

玛格丽特看到混乱的局面,立刻想到一旦战败,她的儿子威尔士亲王将陷入危险。她慌了,害怕了,几乎变得疯狂。她坚持要冲进战场去救自己的儿子。周围的人发现不可能控制她的行动,但最后,慌张和恐惧压倒了她,她晕了过去。她的侍从将她抬上马车,然后穿过一条小路进入一个宗教建筑里,这里被认为暂时是安全的。

可怜的威尔士亲王被俘。战斗结束后,他就被押到爱德华四世的军帐里。当时的历史学家记载了下面的故事,展现了威尔士亲王悲惨的结局。

在随侍官员和贵族的陪伴下,身上沾满鲜血和尘土的爱德华四世走进军帐。屠杀和胜利使他亢奋、狂喜。他看到年轻英俊的威尔士亲王站在那里。起初,他被威尔士亲王优雅的外表以及坦率的男子汉气概打动,但很快他就尖刻地问威尔士亲王究竟是什么将他带到了英格兰。威尔士亲王勇敢地回答道,他是前来恢复父亲王位、拿回属于自己的王位继承权的。听到这番话,爱德华五世把一只手套——沉重的铁护手——摔在了他的脸上。

周围的人立刻拔出刀剑,将威尔士亲王砍死了。

直到第二天,玛格丽特才知道自己儿子的死讯。爱德华四世也发现了她的藏身之处,就派与玛格丽特王后积怨已深的仇敌威廉·斯坦利爵士去捉拿她,然后将她带到自己面前。正是威廉·斯坦利爵士前来捉拿玛格丽特王后时,将威尔士亲王的死讯带给了她。据说,在传达这个消息时,他喜不自胜,看起来不仅对威尔士亲王的惨死而高兴,而且亲眼目睹这位母亲听到这个噩耗时的绝望和悲伤而幸灾乐祸。

威廉·斯坦利爵士把玛格丽特王后押到了考文垂。当时爱德华四世就在这里,正准备班师回伦敦,于是就命令威廉·斯坦利爵士押着玛格丽特王后与自己同行。

第二十三章 威尔士亲王爱德华与亨利六世先后惨死

她儿子的新娘安妮·沃里克也被押回伦敦。玛格丽特王后因爱德华四世杀了她的儿子而不断诅咒他,什么都不能缓解她的激愤,令她安静下来。

在这次可怕的行程中,有件事或许能安慰她,那就是她会被押到伦敦塔,从而与丈夫相见。她的丈夫已经在那里被关了一段日子。希望与丈夫再次重聚几乎就是她现在苟活于世的唯一理由了。她如果确实珍惜这次重聚的机会,那么注定会面对痛苦与失望。根据王位继承顺序,既然威尔士亲王死了,那么下一个就轮到亨利六世了。在玛格丽特王后到达伦敦塔的当天晚上,她的丈夫就在囚室被暗杀了。

亨利六世被刺杀

玛格丽特王后

在短短两个月内,玛格丽特王后就这样走向光明幸福的希望都破灭了。3月底时,她是英格兰王后,快乐而骄傲,统治着世界上最富有、最强盛的国家之一;她还是一位王子的母亲,上天赐予这位王子优雅和高贵,赐予他一个出身高贵、美丽富有的新娘。但到了5月,她就不幸沦为失去儿子的未亡人。现在,她的丈夫也躺进了鲜血淋淋的墓室里。她成了一个无助的俘虏,被囚禁在阴暗的地牢里,有生之年都没有任何希望被释放。王室的编年史中尽管记满了各种天灾人祸的实例,但很难再找到像她这样如此跌宕的例子了。

玛格丽特王后回到安茹后的日子

精彩看点

亨利六世被葬在切特赛——玛格丽特王后被监禁——瓦林福德——玛格丽特王后获释——永远离开英格兰——来到鲁昂——玛格丽特王后的弃权声明——玛格丽特王后签字时的感觉——法王路易十一的气量——玛格丽特王后独自出发——滞留在诺曼的英格兰人——玛格丽特王后陷入危险——回到安茹——可怕的精神抑郁——玛格丽特王后去世

亨利六世被杀后的第二天,他的遗体被从伦敦塔中抬出,在一支军队的护卫下,穿过伦敦的大街小巷被送往圣保罗大教堂,根据传统向臣民展示。在现在这种情况下,这样的展示比平时更有必要。如果缺乏有力的证据证明亨利六世的确已经辞世,那么日后他的死因或许会受到质疑,而别有用心之徒很可能会继续以他的名义兴兵作乱。

白天,亨利六世的遗体继续被安置在教堂,夜幕降临后就被搬出来,移至黑修士修道院。黑修士修道院几乎就在圣保罗大教堂的正对面,附近有个码头。一艘船等在那里,已经做好了运送灵柩的准备。船上点着火把。船夫们随时准备划桨。灵柩放上船后,就被运走了。船穿过泰晤士河黑沉沉的水面,最后到达小村庄——切特

玛格丽特王后

赛。最后,亨利六世被葬在了这里。

亨利六世死后的一段时间里,玛格丽特王后一直被囚禁在伦敦塔中。最终,一切都风平浪静了,新王权的根基稳固了,于是对这个不幸的俘虏的监禁也放松了。她先是被移送到温莎,接着是瓦林福德。瓦林福德是英格兰境内的一个小镇。她仍处于密切的监视和看管之下,但可以享有一定程度的自由了。

过了大约四年后,她的父亲那不勒斯国王勒内弄到了五万克朗的赎金。勒内并没有这么多钱,但诱使路易十一

玛格丽特王后的父亲

第二十四章 玛格丽特王后回到安茹后的日子

支付了这笔赎金，条件是将自己的家族领地转让给他。

赎金将在五年内分期付清，但在支付完第一笔赎金后，玛格丽特王后就被释放了，并获准返回家乡。获释的条件的是她必须正式并永远放弃在英格兰境内的、通过她和亨利六世的婚姻得到的所有权利。读者可能会觉得在获释之前她就得签署弃权声明，但按照英格兰的法律规定，当时跟现在的情况一样，在遭受监禁、失去自由的情况下，签名无效。因此，爱德华四世决定派专使陪她渡过英吉利海峡，前往鲁昂，然后将她交给法国使节路易，而路易将负责弃权声明的签署事宜。

不久，这个计划被实施了。玛格丽特王后从瓦林福德出发，受到严密监视，悄悄地穿过英格兰境内，到达出发港口——桑威奇。她将在桑威奇登船出海，随行人员包括三位夫人和七位绅士。她将永远告别这个王国。当初，她在自己的新婚之旅中首次踏上这块土地，对未来的荣耀和幸福满是憧憬。

1476年初，她在达迪耶普登陆，随即赶往鲁昂。到了鲁昂后，英王专使将她移交给奉命前来迎接并负责签署弃权声明事宜的法国使节路易。

弃权声明是用拉丁文写成的，内容如下：

玛格丽特王后

我，玛格丽特，曾经嫁给英王亨利，现在宣誓放弃根据婚约应得的一切权利，将这些权利一并转移给现在的英王爱德华。

玛格丽特王后不假思索就签了字。自从丈夫和儿子死后，她的希望就破灭了，现在的生活中没有任何值得她留恋的。她签署了弃权声明，不仅表明从今以后宣布放弃所有跟王后有关的一切权益，而且表明放弃她曾经贵为王后的一切骄傲和荣耀。她的态度是消极的、冷漠的，这显示她的精神被彻底摧毁了，曾经在她胸中熊熊燃烧的激情之火永远熄灭了。

弃权声明签署完毕后，玛格丽特当即获释。她重拾了自由，可以回家乡安茹了，打算在那里度过余生。她想取道巴黎，见见堂兄路易十一。在她上次去英格兰前，路易十一对她关怀备至，尊崇有加，那时她的丈夫刚刚复辟，他们的前景一片美好。现在，路易十一认为，现在情况不同了，听说她在返乡途中顺道来巴黎拜访，就不准备亲切地接待她，于是派人送信给她，暗示她最好不要来，建议她直接回安茹。

为了淡化这种生硬的无礼，路易十一提出派军队护送她返乡。然而，玛格丽特王后却因堂兄在自己困顿之

第二十四章 玛格丽特王后回到安茹后的日子

路易十一

际的无情抛弃而深受刺激,决心绝不接受他的任何恩惠,就拒绝了护送,只带着自己随从就出发了。虽然这长了她的志气,但她最终却差点赔上了性命。她还没走出多远,就遇到了紧急状况,这充分表明如果当时有一支军队在身边会起到多大的作用。原来,当英格兰人被逐出

玛格丽特王后

诺曼底时，许多家庭乃至整个村庄变得赤贫，所以回不了故国。他们的生活很悲惨。他们不断感叹艰难的处境：流落异国他乡，没有朋友，缺乏保护。他们忘不了被迫放弃在法国的财产最初的原因，那就是在英格兰与安茹联姻时，亨利六世将诺曼底送给了法国。

玛格丽特王后从鲁昂去安茹的途中，第一夜就碰巧在这样一个村庄留宿。人们看到一群陌生人进了村，在好奇心的驱使下，夜幕降临时聚在客栈周围，希望能获悉陌生人的身份。他们被告知来者就是玛格丽特王后。她就是一切苦难的始作俑者。一时之间，群情激昂。人们试图冲进屋里抓她，如果能够成功，毫无疑问会当场杀了她。玛格丽特王后的随从中有几位绅士，拔剑在手，拼死护着她，使暴民无法近身。最后他们设法派人向官军求助，官军及时赶到，将暴民驱散。然后，玛格丽特王后返回了鲁昂，心甘情愿地接受了路易十一的护军。接着，她再次出发上路，一路无虞。

玛格丽特王后到达安茹后，父亲很和善地迎接了她。她跟父亲一起居住在赫克雷城堡，该城堡距安茹的首都昂热大约一里格。

她在赫克雷城堡住了大约四年。赫克雷城堡非常舒适宜人，坐落在地势颇高河岸上，视野开阔，风景如画。

第二十四章 玛格丽特王后回到安茹后的日子

城堡还附带一座美丽的花园和一道装饰有绘画和雕像的画廊。她的父亲勒内国王本人就是一个画家。他常常自娱自乐，画了大量的作品，或自己收藏，或赠送友人。

但玛格丽特王后对任何事都打不起兴趣。痛苦的回忆浮现在她的脑海，挥之不去。即使她现在不再热衷政治，也不再珍惜曾经的荣耀，但还是无法消除自己的记忆。她对丈夫和孩子的思念日久弥烈。她一直努力得到他们的遗体，将之运回安茹，但始终无法做到。于是，她只好每年支付一笔相当大的开支，以确保牧师会去他们的墓旁，为他们做弥撒，同时确保他们的灵魂能够得到永久的安宁。

事实上，她心中挥之不去的痛苦和烦乱就如同一只噬咬花心的昆虫，非常严重，伤害了她的健康。一位研究玛格丽特王后的历史学家说："她的双眸曾经那么明亮，现在却变得空洞黯淡。因为她老是哭，所以眼睛经常发炎。"事实上，一种可怕的疾病影响到了她曾经美丽的肌肤。所有见到她的人无不心生怜悯。

父亲驾崩后，她继续在这种状态下生活。父亲生命垂危之际曾将她托付给自己的一位忠实的朋友照管。在勒内下葬后，这位朋友就把玛格丽特带到自己的城堡达姆皮尔。尽管玛格丽特王后受到善待，但还是没有摆脱

玛格丽特王后

玛格丽塔王后最后居所——达姆皮尔城堡

疾病的折磨。她去世后被葬在昂热大教堂的墓地中。此后数世纪以来，牧师每年都会为她举行周年纪念，在她的墓旁举行庄严的仪式，以缓慢的步伐绕墓而行，同时吟唱赞美诗。

附录
专有名词汉英对照

安茹的玛格丽特	Margaret of Anjou
爱德华三世	Edward III
黑太子	Black Prince
威尔士亲王	Prince of Wales
理查二世	Richard I
冈特的约翰	John of Gaunt
亨利·博林布鲁克	Henry Bolingbroke
诺福克	Norfolk
罗杰·莫蒂默	Roger Mortimer
沃里克伯爵	Earl of Warwick
亨利六世	King Henry
埃克塞特公爵	Duke of Exeter
约翰·安纳斯利	John Anneslie
托马斯·卡特瑞顿	Thomas Katrington
贝德福德公爵	Duke of Bedford
格洛斯特公爵	Duke of Gloucester
汉弗莱	Humphrey
博福特	Beaufort
温彻斯特主教	Bishop of Winchester
鲁昂	Rouen
圣丹尼斯	St. Denis
雷尼埃勒	Regnier

玛格丽特王后

洛林	Lorraine
蓬塔穆松宫	Pont à Mousson
伊莎贝拉	Isabella
图勒	Toul
希欧法妮	Theophanie
安东尼	Antoine
洛林公爵	Duke of Lorraine
安东尼·德·沃代蒙	Antoine de Vaudemonte
南锡	Nancy
勃涅维尔	Bulgneville
圣波尔伯爵	Count St. Pol
勃艮第公爵	Duke of Burgundy
尤兰特	Yolante
弗雷德里克	Frederick
乔安娜	Joanna
两西西里	Two Sicilies
那不勒斯	Naples
加普亚	Capua
阿马尼亚克	Armagnac
尚舍维尔	Champchevrier
查理七世	Charles VII
文森	Vincennes
萨福克夫人	Lady Suffolk
费里	Ferry
基泽劳斯	Kiddelaws
朴茨茅斯	Portsmouth
波切斯特	Porchester
南安普顿	Southampton
索伦特海	Solent Sea
利奇菲尔德教堂	Lichfield Abbey
索斯威克	Southwick
里士满	Richmond
沃尔瑟姆福雷斯特	Waltham Forest
内维尔夫人	Lady Neville

专有名词汉英对照

加莱	Calais
阿布维尔	Abbeville
桑德斯小姐	Miss Sanders
安妮·内维尔	Anne Neville
索尔兹伯里伯爵	Earl of Salisbury
曼恩	Maine
波尔多	Bordeaux
吉耶纳	Guienne
加伦	Garonne
多佛海峡	Straits of Dover
圣爱德华日	St. Edward's day
格林威治	Greenwich
耶稣圣墓大教堂	Holy Sepulchre
诺福克公爵	Duke of Norfolk
圣奥尔本	St. Alban's
布洛希思战役	Battle of Blore Heath
斯塔福德	Staffordshire
科尔斯希尔	Coleshill
迈克莱斯顿	Maccleston
奥德利勋爵	Lord Audley
北安普顿	Northampton
陶顿战役	Battle of Towton
阿尼克	Alnwick
迪耶普	Dieppe
卡维尔	Carvel
阿克斯城堡	Arques
拉特兰伯爵	Earl of Lateran
马奇伯爵	Earl of March
威丁汉	Whyttingham
皮埃尔·德·布雷泽	Pierre de Brezé
泰恩茅斯	Tynemouth
伯威克	Berwick
霍利岛	Holy Island
赫克瑟姆战役	Battle of Hexham

玛格丽特王后

巴尔维尔	Barville
柯尔库布里	Kirkcudbright
索尔维湾	Solway Bay
坎泰尔	Cantyre
达班伯勒	Bamborough
弗兰德斯	Flanders
昂热	Angers
阿弗勒	Harfleur
韦茅斯	Weymouth
巴斯	Bath
布里斯托尔	Bristol
图克斯伯里	Tewkesbury
文洛克勋爵	Lord Wenlock
威廉·斯坦利	William Stanley
切特赛	Chertsey
瓦林福德	Wallingford
桑威奇	Sandwich